Apocalipse

segundo a

espiritualidade

O despertar de uma
NOVA CONSCIÊNCIA

APOCALIPSE SEGUNDO A ESPIRITUALIDADE
- O DESPERTAR DE UMA NOVA CONSCIÊNCIA
Copyright © 2021 by Samuel Gomes
1ª edição | junho | 1º a 2º milheiro

Dados Internacionais de Catalogação Pública (CIP)

GOMES, SAMUEL

O apocalipse segundo a espiritualidade – o despertar de uma nova consciência;
DUFAUX: Belo Horizonte, MG, 2021.

320 pág. - 16 x 23 cm
ISBN: 978-65-87210-02-5

1.Espiritualidade   2. Autoconhecimento   3. Relações humanas
I.Título   II. GOMES, Samuel

CDU — 133.9

Impresso no Brasil | Printed in Brazil | Presita en Brazilo

EDITORA DUFAUX
Rua Contria, 759 – Alto Barroca
Belo Horizonte – MG – Brasil
CEP: 30431-028
Telefone: (31) 3347-1531
comercial@editoradufaux.com.br
www.editoradufaux.com.br

FSC

Conforme novo acordo ortográfico da língua portuguesa ratificado em 2008.

Autoconhecimento

SAMUEL GOMES

Apocalipse
segundo a
espiritualidade

O despertar de uma
NOVA CONSCIÊNCIA

Dufaux
editora

su, ma, rio

Sumário

apre senta çao

Apresentação

Este livro é um estudo do Apocalipse escrito por João, o Evangelista.

E acreditem, não fala de fim dos tempos! Fala do início de uma nova era.

É uma ficção elaborada pelo autor, para tornar a leitura mais agradável, mas o propósito é tirar o véu obscuro que envolve a escrita de João, que revela as transformações que estão acontecendo e as que já aconteceram.

A diferença é que as reflexões que se seguirão no decorrer desta obra não ocorrerão fora de nós, mas principalmente em nosso íntimo.

Ele criou personagens como o mestre Ícaro, o detentor da sabedoria, que irá clarear os temas, e o protagonista ou narrador, uma figura não identificada, que representa todos aqueles que têm a necessidade de compreender o Apocalipse, esse texto cheio de imagens, figuras e obscuridades.

Ambientou a narrativa em um local do plano espiritual onde pode estar situada qualquer uma das colônias que envolvem a Terra, preparando aqueles que, futuramente, irão reencarnar e que passam por experiências que enriquecem os seus projetos futuros na vida material.

O objetivo principal do autor é que, realmente, entendamos o Apocalipse.

Tenho certeza de que irão gostar!

Muita paz no coração de todos.

MARIA JOSÉ DA COSTA.

introdução

Introdução

Apocalipse significa revelação.[1]

Estamos vivendo um período em que muitos escritores, pesquisadores e até mesmo religiosos ajudam a manter e a sustentar especulações e interpretações sobre o evento denominado apocalipse, ou a revelação. Quando lemos alguns desses escritos, percebemos que a maioria anuncia mudanças que devem ocorrer, principalmente nos aspectos exteriores da vida, valorizando mais as ocorrências de caracteres catastróficos e destruidores.

As profecias visualizadas, as datas fixadas para essas transformações e as descrições de escrituras sobre o futuro estão cada vez mais em comentadas, tentando determinar o que se deve esperar do destino da humanidade.

Compreendemos que muitos aspectos e situações no mundo físico precisam mudar, mas necessitamos entender que, se alguma transformação precisa ocorrer, ela deve iniciar, em primeiro lugar, dentro de nós mesmos, para que só depois venha a ter, como consequência, as mudanças nos aspectos exteriores da existência humana, de acordo com as condições renovadas ocorridas conosco.

Esperar e tentar transferir para a sociedade, para os dirigentes mundiais ou para Deus essa expectativa demonstra uma falta de responsabilidade diante das próprias mudanças e representa um adiamento de atitudes necessárias que devem ocorrer principalmente em nossas ações.

---

1 Apocalipse 1:1.

Começa a ficar claro que mudanças exteriores já estão ocorrendo no planeta, já que este também passa por transformações evolutivas, atendendo a um planejamento preestabelecido pelas inteligências diretoras do destino planetário. Mas isso só acontecerá realmente quando muitos dos espíritos que o habitam, seja na esfera física, seja nas esferas espirituais, estiverem comprometidos com sua própria recuperação moral.

Aqueles que optarem por não passar por uma realização transformadora como essa serão, provavelmente, convidados, por esses mesmos organizadores siderais, a se transferir de mundo, onde precisarão iniciar um novo processo de renovação. Assim, os que não conseguiram realizar, aqui na Terra, seu progresso moral terão outra oportunidade de fazê-lo em um novo palco evolutivo, por meio de um degredo.

O deslocamento de espíritos de um orbe para outro está claramente expresso no símbolo do paraíso perdido e da queda do homem[2], que representou a chegada de muitos espíritos exilados de outras moradas do universo para a Terra, há muitos milênios, favorecendo o desenvolvimento de quase todas as áreas que o planeta conquistou até hoje.

Quando mencionamos que muitos espíritos não conseguirão optar por sua renovação moral, referimo-nos a seres que, mesmo sabendo que as leis humanas e divinas convidam a não roubar e a não matar, matam e roubam sem nenhuma hesitação, sendo, esses exemplos, alguns aspectos dessa recusa em mudar. Não conseguem nem se adequar às leis humanas que, de alguma forma, refletem as Leis Divinas.

. . . .
2 *Gênesis* 3:23; *A gênese*, capítulo 18 - item 27 - Allan Kardec - Editora FEB.

Apocalipse segundo a Espiritualidade

Estamos vivendo uma época em que somos solicitados a agir com muita consciência em relação a essas atitudes, ampliando as possibilidades da aplicação dessas mesmas leis em aspectos mais amplos, quando não devemos mais roubar o tempo e a alegria das pessoas ou matar suas esperanças e seus anseios de vida.

Mas, para agir com essa compreensão, necessitamos desenvolver uma nova consciência perante a vida. Para o desenvolvimento dela, precisamos fazer o processo de autoconhecimento, que é o único caminho para promovermos essa transformação.

O autoconhecimento[3] nos convida a olhar para o mundo íntimo e, assim, a descobrir como agimos e reagimos, quais são as forças regentes das escolhas que fazemos e que elegem novas necessidades biológicas e mentais.

Neste sentido, uma atitude diferente se desenvolve a partir da mudança de percepção de nós mesmos, levando-nos a níveis mais elevados da vida, não só nesse mundo íntimo, como também na vida exterior que o universo nos reserva.

Dentro desse cenário, o Apocalipse é um convite que Jesus nos apresenta por meio dos relatos de João, o Evangelista, quando ele foi Seu médium. Esses registros nos permitem ampliar a capacidade de sermos, um dia, como *o filho do homem*[4], isto é, um ser humano mais espiritualizado do que materializado.

Por sua vez, essas reações emocionais são o reflexo de um passado antigo, como herança de todos os aprendizados que adquirimos

. . . .

3 *A verdade além das aparências – o universo interior.* Livro do mesmo autor sobre o autoconhecimento - Editora Dufaux.

4 Mateus 16:13.

na condição humana por meio das várias existências. Elas formam o material de base das mentes.

Com o processo de autoconhecimento, alcançaremos a sutilização desses impulsos e energias que, a todo momento, tentam governar nosso comportamento de forma inconsciente.

Regenerar é necessário para que possamos descobrir o que significa esse movimento na vida. Essa atitude se transformará no marco decisivo da caminhada e representará a realidade da humanidade do futuro.

Ao compreendermos o Apocalipse escrito pelo discípulo amado de Jesus, o reescreveremos em nosso espírito a partir da própria intimidade, com o objetivo de descrever a importância do despertar, do entendimento de si próprio.

O objetivo desta obra é favorecer, aos poucos, a predominância da natureza espiritual sobre a matéria, confirmando, dessa forma, a expressão de Jesus, no que se refere às construções mentais anteriores, quando nos disse: *que não ficará pedra sobre pedra que não seja derrubada*[5]. Queremos abrir uma investigação desses versículos do livro de João, desenvolvendo uma forma diferente de estudá-lo pela percepção do mundo íntimo. Encontrar o conteúdo retratado simbolicamente em seus escritos é a confirmação de que a verdadeira revelação está ocorrendo internamente.

Este livro é especialmente dirigido aos espíritos que estão prontos para o despertar do mundo atual, capazes de ter uma visão mais aprofundada da vida.

. . . .
5 Mateus 24:2.

Assim como aconteceu com um planeta do Sistema de Capela, a Terra está saindo da condição de mundo de provas e expiações para um mundo regenerado, o que está claro no Sermão da Montanha e das Bem-Aventuranças, quando Jesus, ao se referir ao sal insípido (espíritos transviados do bem), disse: *para nada mais presta senão para se lançar fora, e ser pisado pelos homens.*[6]

Então, ao nos considerarmos espíritas, teremos esse desafio. Provavelmente, se assim não procedermos, não teremos condições morais e espirituais para continuar a viver neste planeta de bênçãos, e seremos colocados junto aos espíritos exilados da Terra, para que venhamos a estabelecer o piso de sustentação dos homens primitivos de um novo orbe.

Eis aí o desafio: fazer deste livro um princípio da própria regeneração! Ela não precisa estar propriamente ligada às transformações que ocorrerão externamente no planeta, em suas revoluções materiais, mas à mudança fundamental do mundo íntimo.

SAMUEL GOMES.

---

6 Mateus 5:13.

Apocalipse
A descoberta da verdadeira natureza

"Revelação de Jesus Cristo, a qual Deus lhe
deu, para mostrar aos seus servos as coisas que
brevemente devem acontecer; [...]."

APOCALIPSE 1:1

Todos estávamos muito animados com o curso que iríamos iniciar. Seria interessante entender o livro do Apocalipse, escrito por João, o Evangelista, durante seu exílio na ilha de Patmos.

O objetivo do curso, segundo o dirigente da colônia, era compreender o real significado do período determinado por apocalipse na vida cotidiana.

Assim, entramos na sala onde o curso seria realizado. Ela tinha um formato circular e já se encontrava bastante cheia. Não tivemos muito tempo de cumprimentar uns aos outros, pois a discussão dirigida estava prestes a começar. Depois de ouvirmos uma oração que nos tocou a alma, a palavra de Ícaro, o orientador do curso, fez-se bem clara, e ele nos perguntou de modo bem direto:

— O que é, ou o que seria, o Apocalipse? O que sua expressão literal quer dizer?

Já dava para ver que Ícaro não era de perder tempo. Gostava de ir direto ao ponto. Alguém do grupo, que provavelmente já o conhecia, falou:

— Significa revelação.

Ícaro sorriu para seu interlocutor, mas não respondeu a ele diretamente. Em vez disso, caminhou suavemente pelo local, como se deslizasse, e foi olhando para os olhos de cada um.

— A pergunta que surge agora é: o que está sendo revelado? O que se encontra encoberto? Do que precisamos tirar o véu, já que a palavra revelação significa exatamente esse movimento?

Diante do silêncio, indicativo de que buscávamos responder internamente à questão, Ícaro continuou sua fala:

— Levantar os véus de nós mesmos e descobrir que somos espíritos imortais.

Até agora, a noção que temos é a que trazemos da vida na matéria, baseada no corpo físico, em decorrência das condições biológicas e sensoriais. A essa noção se soma o que a ciência tradicional, principalmente a ocidental, tem concluído em suas pesquisas e conhecimentos, bem como as respostas filosóficas e religiosas que tentam resolver um enigma milenar: Quem somos?

De um modo geral, o movimento religioso tem a finalidade de despertar o ser para uma descoberta nesta direção, na procura da sua real origem, e de desenvolver nela uma concepção mais clara de nossa natureza essencial. Se pensarmos bem, já há um despertar espiritual inicial dentro dessa busca.

Todos ouvíamos em absoluto silêncio. Olhei para o lado e percebi que havia gente que eu não conhecia, embora muitos já tivessem participado comigo de outras atividades. E eu estava feliz de poder seguir adiante com os estudos.

Até que um rapaz de fisionomia altiva e viva, que eu ainda não conhecia, levantou a mão e argumentou, já que a troca de informação e descobertas era um dos objetivos do curso:

— Mas não é esse o material teórico que o homem tem para fazer dessa descoberta uma realidade?

Ícaro assim respondeu:

— Os atuais estudos espirituais, e até mesmo os científicos, procuram ampliar os raciocínios para além dos campos estreitos da realidade do que é físico e convocam os homens a ultrapassarem a perspectiva materialista, que até hoje os define apenas nas limitações de seu cérebro, colocando neste as causas de toda manifestação da vida mental. Entretanto, para quem reconhece na inteligência uma característica divina, a da mente já é uma expressão de natureza espiritual.

O materialismo provoca uma percepção imediata e utilitarista, que causa um comportamento distorcido da finalidade superior da vida, referindo-se à maioria das pessoas que vivem superficialmente a existência.

Com essa concepção precipitada sobre sua própria realidade, o homem moderno fica circunscrito a uma simples manifestação na esfera dos efeitos que geram um anseio de felicidade superficial e material. Alimenta uma conduta que não o estimula a buscar um aprofundamento das causas invisíveis que o sustentam, sem poder dilatar a compreensão dos processos intricados de seu mundo interior, que vai além de reações endocrínicas e corporais. Nessa visão limitada está a causa de muitos conflitos e dores que se opõem à harmonia e ao equilíbrio, que devem proporcionar uma beleza e uma leveza à vida.

Ícaro fez uma breve pausa, talvez para pensarmos no que já havia sido dito até ali. Caminhando em círculos, assim continuou:

— Falar em Apocalipse é ampliar a realidade do ser em direção à sua totalidade, pois revela e possibilita uma investigação da natureza invisível que permeia a humanidade e que vai além dos sentidos físicos.

Esse movimento ou processo que tentaremos fazer no curso se adapta a raciocínios mais amplos sobre a realidade de quem realmente somos e proporciona o desenvolvimento dos potenciais da inteligência que se encontram adormecidos na intimidade de cada pessoa.

Potenciais esses que vão desde a capacidade de amor mais profundo a outras faculdades capazes de captar novas sutilezas e de produzir, com criatividade, a tônica da vida humana no futuro.

Portanto, meus queridos irmãos, quero agradecer a vocês pela presença neste curso. Sei que muitos estão envolvidos em outros projetos e que temos de abrir mão de uma parcela de tempo para estarmos aqui. Mas foi pela falta de clareza das realidades espirituais que muitas especulações imaginárias foram produzidas, além de interpretações místicas e de leituras que distorcem a verdade das qualidades do espírito.

Apocalipse segundo a Espiritualidade

Se não dedicarmos tempo para cuidar de nós mesmos, quem o fará? É necessário que se amplie o entendimento sobre o que consideramos ser de natureza espiritual, que é mais teórico do que uma percepção da realidade. Saber e não sentir gera conflito. Temos muito mais informações do que experiências de percepção direta dessa realidade.

Vamos utilizar, por exemplo, a palavra "espiritual". Ela abrange aspectos que envolvem a natureza sutil da matéria, como as partículas subatômicas que nos rodeiam e que se encaixam perfeitamente nesse conceito. Só que, quando o encarnado pensa nessa palavra, não faz essa associação, considerando espiritual somente as coisas que estão além da matéria.

Chamaremos de Natureza Espiritual tudo aquilo que existe em nós, e ao redor, que ultrapassa a percepção limitada dos sentidos. Tudo o que pensamos e sentimos é de qualidade espiritual, por apresentar uma estrutura invisível e não perceptível.

Podemos nomear, como sendo de natureza material, o som, o cheiro, a sensação de calor ou frio, o toque, o gosto, enfim, tudo o que percebemos pelos cinco sentidos.

Um companheiro, que já havia visto na colônia outras vezes, levantou a mão e indagou, sem esperar que todos o percebessem:

— Mas os átomos, as subpartículas, os pensamentos e as emoções não são matéria também, só que de forma mais sutil?

— Sim – respondeu Ícaro. – Dentro dessa mesma linha de raciocínio, tudo o que a ciência descobre que ultrapassa os sentidos humanos entraria na mesma definição de natureza material, mas que, para nós, é de natureza espiritual. Nessa hora, o que a ciência está chamando de material é, na realidade, espiritual. No fundo, a ciência e a religião analisam a mesma realidade. O átomo, as partículas subatômicas, por exemplo, apesar de serem concebidos como matéria, estariam ligados à realidade do que é espiritual, pois, se não tivermos um limite para esse entendimento, isso causará o que ocorre por lá, no plano material, uma visão de superatividade entre o que os espiritualistas estudam e o que a ciência moderna descobre.

— Poderia clarear a ideia citando um exemplo, mestre?

— Claro que sim, sempre que possível faremos isso. Vamos, então, repetir para ficar mais claro.

A realidade espiritual é tudo o que ultrapassa os sentidos humanos e que se torna, em consequência, invisível para eles. Embora a ciência fale que o elétron existe, ela ainda não pode, pelo menos até agora, fotografá-lo, prendê-lo e entendê-lo com mais profundidade, como já ocorre aqui neste plano.

Quando uma filosofia fala do estudo do corpo astral, que é de natureza espiritual, está falando, de alguma forma, de um estado material, só que de matéria quintessenciada[7]. A estrutura dos átomos e dos elementos que o formam estão, ao mesmo tempo, numa realidade material e espiritual.

— O que é a quintessência, Ícaro? – perguntou um dos alunos.

Ícaro parou um pouco para pensar e respondeu:

. . . .

7 *O livro dos espíritos*, questão 82 - Allan Kardec - Editora FEB.
O que é obtido após cinco destilações; quinta-essência. O que há de melhor, de mais apurado, importante ou excelente; grau mais elevado ou melhor de alguma coisa; essencial. Fonte: App Dicio.

— É uma referência que trouxe para o curso, mas que deixarei para vocês descobrirem como resultado de pesquisa. Quem aqui já tem o cartão de acesso à formidável biblioteca da colônia?

Quase todos levantamos as mãos, e Ícaro arrematou:

— Pesquisem, na biblioteca, o que é a quintessência, no máximo até a próxima aula.

O que posso adiantar é que, compreendendo a realidade dos planos, a ciência e a religião não teriam contradições, quando afirmam entender realidades opostas. Alguns cientistas modernos demonstram que a palavra espiritual não quer dizer ausência de matéria, e que esta somente apresenta uma qualidade vibratória diferente daquilo que comumente se concebe na Terra como sendo matéria, e que toca seus sentidos.

Com base nesses raciocínios apresentados, devemos averiguar, de forma direta, essa natureza invisível. Neste novo curso, idealizado por dirigentes maiores, faremos uma investigação por meio do deslocamento do foco perceptivo.

Para aqueles que pensarem em desistir do curso, já adianto que estudaremos minuciosamente todo o funcionamento de nosso interior, com o objetivo de descobrirmos a realidade viva e atuante de espiritualidade em nós.

Então, caso não queiram se conhecer de verdade, fiquem à vontade para sair da sala agora.

Ficamos quietos e calados com a fala de Ícaro e, como ninguém teve coragem de se levantar e sair da sala, ele continuou:

— Muito bem. Acredito que todos queiram realmente quebrar a barreira do autoconhecimento.

Neste curso, aprenderemos a ampliar nossa percepção e a alcançar o estado de alerta. Ele corresponde ao *vigiai* do Evangelho[8]. Passaremos a ver os efeitos das reações mentais nos relacionamentos com o mundo exterior, seja com pessoas ou situações, seja com coisas e, até mesmo, com conhecimentos. Descobriremos o real significado da palavra apocalipse em nós, já que esse é o objetivo principal pelo qual aquele livro foi escrito.

— Mas como isso se fará? – perguntou uma moça de olhar penetrante, que, certamente, era aluna recém-chegada nas aulas de Ícaro, uma vez que eu não a conhecia.

— Minha jovem, agradeço a você pela presença, e também aos seus colegas. Aliás, vocês têm certeza de que ninguém quer sair?

Todos rimos, e Ícaro disse:

— Essas minhas palavras são apenas uma introdução à compreensão do que significa a palavra apocalipse. Vamos tirar todas as expressões que têm dado significado a ela até agora.

O que posso adiantar, uma vez que percebo que já estão muito ansiosos por conhecimento, é que o entendimento da própria intimidade, no dia a dia dos relacionamentos, revelará a qualidade de nosso espírito por meio das reações e produções pessoais. Em outras palavras, vendo essas reações mentais, poderemos compreender a qualidade real de nossos seres no

[8] Mateus 26:41.

contexto da criação, seja diante da raiva, da mágoa, da tristeza, da insegurança, do medo, da inveja, da ganância, seja da paz, da harmonia, do amor, da compaixão.

Explorando o primeiro versículo escrito por João, em Apocalipse, veremos que o termo Jesus, ali escrito, apesar de se referir ao Mestre de amor e verdade, é a representação do conjunto de escritos e conhecimentos que Ele trouxe, que falam sobre a essência do espírito e que têm Nele o maior exemplo da condição mais pura do ser.

Nesse ponto, destacamos a diferença entre saber que somos espíritos e sentir sua natureza real em nós. É exatamente aí que o autoconhecimento, gravem esta palavra, entra para realizar um trabalho formidável, pois dá uma percepção direta do estado íntimo.

Jesus foi o único espírito puro que viveu na matéria até agora e que nos demonstrou essa realidade por meio de Sua própria vida. Até então podíamos estudá-Lo pelos livros que falam Dele, mas, a partir do processo de autoconhecimento, olhando para a própria intimidade, poderemos compreender não só Jesus como exemplo, mas o cristo que está em cada um, confirmando a Sua revelação.

Queridos irmãos e irmãs, sintam-se à vontade para aproveitar melhor essa tarde maravilhosa. Espero todos aqui amanhã. Vão com Deus.

Terminamos, assim, aquele primeiro dia de curso, trazendo na mente um campo aberto para outros entendimentos. Eu estava feliz porque tinha iniciado um novo processo de aprendizado.

Havia tempos que não me sentia tão encorajado e percebia que Deus me acompanhava naquela jornada.

Ainda na saída do primeiro dia, juntamente a com dois amigos que já conhecia da colônia espiritual em que eu estagiava, tivemos a oportunidade de sair na companhia de Ícaro, que permitiu, num bom bate-papo, que aproveitássemos mais alguns momentos de aprendizado antes do próximo encontro.

Foi assim que, de modo bem espontâneo, Ícaro nos esclareceu enquanto caminhávamos:

— Percebo que um de vocês ficou com dúvida sobre a realidade. Então, vejamos: a existência é fundamentada em uma Inteligência Superior. Ela nos convida a um processo educativo constante, que tem como meta principal o desenvolvimento da inteligência essencial adormecida em cada um.

Mas esse despertar não se faz no tempo imediato de uma única encarnação, e muitas vidas são necessárias para a formação de um ser integral. Despertar a consciência, que não fica presa ao tempo, é um grande desafio.

E o senso de consciência, fora do espaço e do tempo – apenas relacionado à vida na matéria –, é uma conquista que teremos em nossa visão de trabalho. Falando das existências em mundos primitivos, pelos quais já passamos e fomos preparados para nos movimentarmos na condição de humanos, dentro de um mundo que nos acolhesse para esse fim – o planeta Terra –, fixamo-nos em padrões temporais vinculados aos movimentos e contagens fundamentados por cada uma de suas culturas desenvolvidas.

Fomos caminhando, vagarosamente, em direção à saída da escola e, enquanto íamos cumprimentando uns aos outros com um aceno de mãos, Ícaro finalizou:

— Trazemos sentidos desenvolvidos por uma evolução biomental. Nessa realidade, temos o sentido mais completo na percepção visual, mas, ainda assim, bastante limitado se comparado com os campos de vibrações que o universo possui.

Várias vezes, o conhecimento e as pesquisas sobre a realidade tiram conclusões precipitadas daquilo que observamos. Como seres racionais, extraímos muitas definições falsas a respeito da realidade extrassensorial, na tentativa de explicar os fenômenos da vida no Além e as realidades vibratórias que existem e que são muito superiores à nossa capacidade de entendimento, em se tratando da realidade mental e espiritual.

Ícaro respirou fundo e finalizou:

— Agora, seguirei naquela direção ali. No próximo encontro, meus caros amigos, falaremos mais sobre a necessidade que João teve de, ao escrever o livro do Apocalipse, fazer uso de diversos símbolos para descrever o que conseguia ver com os olhos do espírito.

Foi com base nessa conversa que esperamos, ainda com mais entusiasmo, chegar o próximo encontro. Voltamos para nossas atividades normais de trabalho, com os compromissos que assumimos naquela colônia espiritual. Já havia tanto tempo que eu estava ali, e aquele mundo me era tão íntimo, que eu poderia até achar que estivesse encarnado.

Percepção:
A chave do conhecimento

"O qual testificou da palavra de Deus, e do
testemunho de Jesus Cristo, e de tudo o que
tem visto."

APOCALIPSE 1:2

No horário previsto para o segundo dia de aula, já estávamos todos no salão, para investigarmos mais detalhes daquele livro que intriga não só os encarnados, mas também os que estagiam na realidade extrafísica, próxima do orbe.

Eu folheava o Apocalipse e lia um pouco mais, buscando um modo de compreender melhor as palavras de João. Estava distraído, apesar de os colegas estarem trocando ideias entre si, quando Ícaro entrou na sala e iniciou repentinamente sua aula:

— Queridos irmãos, os homens, habituados a fixar seus registros da vida por meio dos sentidos físicos, não querendo despertar e seguir para outras esferas de sua natureza mental e espiritual, colocam-se no chão da Terra e não podem ver nem compreender os ângulos da vida que só aqueles que já despertaram o interesse para tal podem vislumbrar. Ou seja, podem enxergar outras realidades dentro da existência material.

Assim procedendo, buscam o desenvolvimento espiritual e podem utilizar um sentido diferente dos que já possuem, no corpo físico, o que podemos chamar de olhos do espírito ou da consciência. Por meio da consciência, conseguiremos abranger não só a vida no seu aspecto exterior como também a fonte de recursos ativos na nossa intimidade, que operam conjuntamente à primeira.

Ícaro fez uma pausa e nos encarou como se quisesse cumprimentar o grupo todo ao mesmo tempo. Após uma pausa mais longa, perguntou:

— Alguém aqui percebeu que iniciei a aula sem sequer cumprimentá-los?

— Sim! – disse a aluna que sempre gostava de participar.

— E o que achou da minha atitude? – perguntou Ícaro, dirigindo a pergunta para ela, diferente do que sempre fazia, uma vez que evitava se dirigir especificamente a um aluno, preferindo falar a todos.

— Achei estranho, mestre! – respondeu ela, parecendo não saber o que dizer exatamente.

— Você teve uma reação, minha jovem, mas não percebeu qual foi. Apenas a teve. Sentiu que algo a incomodou, mas não parou para pensar o que seria esse incômodo. Sempre há uma descoberta quando compreendemos que, em nossos relacionamentos com a vida como um todo, tanto nas atitudes que temos quanto nas dos outros, produzimos reações fortes e, muitas vezes, perturbadoras em nosso mundo íntimo, que afetam a forma como vivemos.

Quando adotamos o hábito de observar nossas reações aos estímulos gerados pelas experiências que precisamos viver, abrimo-nos para o despertar de uma sabedoria importantíssima, que desenvolve o entendimento do processo de nossa regeneração e que é definido como o nosso apocalipse pessoal.

Como dissemos, o apocalipse é a revelação de Jesus Cristo, mostrando-nos a vida interior, que é a natureza do espírito. Assim, dentro dessa ótica, passamos a nos interessar mais pelo Cristo, em vez de Jesus, que é o conhecimento teórico que forma o seu corpo doutrinário. Quando Ele disse *eis aí o meu corpo*, junto aos apóstolos na Santa Ceia, estava dividindo conosco esse conjunto de ensinamentos. Até hoje, Ele o faz por meio dos ensinamentos da Doutrina do Espíritos.

Daí, nosso mundo íntimo começa a operar com uma nova dinâmica de percepção, movimentando-se e recriando-se o tempo todo. Passamos a observar nosso espírito em ação e, como consequência, a compreender todas as influências da mente nos seus julgamentos e comparações, defesas e explicações, que, na verdade, são o material com que influenciamos não só a própria vida, mas a das outras pessoas e até, de forma fluídica, a do planeta, uma vez que as criações que fazemos atuam sobre o seu clima vibratório.

Eu dei o exemplo de ter entrado nesta sala sem cumprimentá-los, indo direto ao assunto e de como isso soou estranho para vocês, que sentiram algo, mas não sabiam o que era.

Para ficar mais claro ainda, quando sentimos raiva, mágoa, tristeza ou inveja, produzimos energias negativas da aura pessoal, afetando o campo de contato com o outro e ajudando a produzir um clima planetário de forma inferior e perturbador.

Assim, estamos deturpando e opondo-nos às condições superiores referentes à realidade profunda da vida, elaborada por Deus, e por cocriadores, em um plano maior, que representam a ilimitada fonte de sabedoria que, em si, são como um livro sagrado de Deus expresso na vida universal.

A oposição manifesta pela forma como vivenciamos e reagimos às experiências da vida gera os caminhos de um aprendizado pelas vias do sofrimento. Quando despertamos para a realidade da vida em seu aspecto educador, abraçamos uma vivência com base na verdade espiritual que reflete a postura íntima de João, quando disse: *O qual testificou da palavra de Deus, e do testemunho de Jesus Cristo, e de tudo o que tem visto.*

Ter contato com essa verdade alimenta a vida íntima e é a representação da Palavra de Deus, que devemos testemunhar em cada instante de nossas existências, indiferente da religião que o espírito elege. Há um compromisso por parte de todos os que seguem a mensagem de Jesus de exemplificar a essência espiritual da qual Ele foi o exemplo vivo, tanto no plano espiritual como no campo da matéria.

Ao olharmos as reações que estabelecemos nos relacionamentos de cada instante, desenvolvemos o estado de alerta íntimo. Daí, vemos a importância do que podemos perceber no material energético que produzimos, como a qualidade expressa de nosso espírito.

Essas reações são forças vivas, originadas de nosso passado condicionado, e se constituem de emoções e pensamentos. A partir do momento em que investigamos tais reações de forma decisiva, vemos a natureza viva quando elas saem de nós.

É assim que passamos a ter um maior entendimento da capacidade de utilização e de criação dessas energias que se originam das emoções, podendo também ver os aspectos desequilibrantes que elas causam, abrindo a possibilidade de idealizar soluções reais para não sermos tão controlados por elas.

Vamos parar um pouco por aqui, para podermos trocar algumas ideias.

Aproveitando, assim, a oportunidade, um jovem, que estava sentado distante de mim e que eu não conhecia, perguntou:

— A expressão do versículo em que está escrito *e de tudo o que tem visto* está relacionada com esse olhar para dentro de si mesmo?

— Sim. – respondeu Ícaro, para depois continuar – muitos de vocês não gostaram de eu ter entrado na sala e não os ter cumprimentado. Muitos não perceberam que produziram reações contrárias que poderiam atrapalhar o andamento do curso. Entendem?

Percebemos que o conteúdo desse material vivo que trazemos em nós reflete este capítulo do livro de João, que escolhemos para estudar e tentar entender essa investigação íntima.

O talento da inteligência original que o Criador nos concedeu, inserido em: *o qual testificou da palavra de Deus,* é para que a nossa inteligência esteja em sintonia com Sua Inteligência Superior.

Esse trabalho de educação, proposto aqui, tem como objetivo refletir em nós as mesmas ações dos grandes homens que passaram pelo planeta[9] e que nos serviram de exemplo. Destacamos o Evangelista João, que escreveu sobre *o* testemunho de Jesus Cristo. Esses grandes filósofos já exploravam naturalmente o próprio mundo íntimo, já despertados no desenvolvimento de uma nova consciência pelo autoconhecimento.

Agora, surge a mesma necessidade de investigar e observar o manancial de recursos que Deus nos deixou por herança divina *tudo o que tem visto.*

Ao não atender às reações instintivas na forma de emoções perturbadoras, como raiva, inveja, ciúmes, incômodos por menores que sejam e outras tantas, procedemos com bom senso, bondade e compaixão diante dos outros, nossos irmãos, e passamos a dar esse testemunho diante das lutas.

O resultado dessa percepção investigadora em cada momento de nossos relacionamentos será a chave que nos abrirá os caminhos para as transformações reais da limpeza interior. Nesse momento, ao abrir mão de energias perturbadas, que é o objetivo da regeneração, encontraremos o que é mais puro e profundo e proporcionaremos a libertação dos elementos animalizados que, ao mesmo tempo, refletirá a natureza na-

---

9 Sócrates, Platão, Confúcio, Lao-Tsé, Buda, entre outros.

quilo que podemos chamar de identificação com Deus ou *eu e o pai somos um*.[10]

Ícaro, então, foi embora sem ao menos se despedir da turma.

A impressão que tivemos foi de que ninguém gostou de sua atitude, mas nada foi dito. E eu fiquei curioso de compreender o que ele queria nos ensinar com aquilo tudo. Confesso que não me senti incomodado com sua atitude. Na verdade, isso me instigou ainda mais a perceber, dentro de mim mesmo, que tipo de reação aquilo me causava.

10 João 10:30.

Tempo de mudança

"Bem-aventurado aquele que lê e os que ouvem as palavras desta profecia, e guardam as coisas que nela estão escritas; porque o tempo está próximo."

APOCALIPSE 1:3

O sol raiava lindamente. Eu me sentia bem. Sabia que devia me concentrar ao máximo naquele curso, sem me distrair com as demais questões que me causavam ansiedade.

Senti vontade de falar com o professor sobre as minhas questões pessoais, mas resolvi primeiro fazer o exercício de tentar captar o que eu sentia naquela fase de minha vida no plano espiritual.

Naquele momento, seguia para mais uma aula sobre o Apocalipse na ótica da visão interior. Somente percebi que havia me atrasado quando entrei na sala, pois já encontrei Ícaro refletindo sobre o versículo.

Mas pensei comigo mesmo: — "será que foi ele quem adiantou o horário da aula?".

— Até agora, os homens têm buscado nos livros o entendimento de quem realmente são: espírito imortal.

O raciocínio e a fixação de conteúdos por repetições e o acúmulo de conhecimento eram o mecanismo de entendimento das coisas. Estamos ainda numa transição da fé em etapas que têm como base a lógica do que comumente chamamos de fé raciocinada.

A concepção de Deus sob a ótica de uma Inteligência Superior a reger a realidade introduzida pela Espiritualidade Maior, por intermédio de Allan Kardec[11], é confirmada cada vez mais nas pesquisas da Ciência.

Em tudo o que investiga e por meio do conhecimento dos pesquisadores, a ciência encontra a presença de uma mesma Inteligência. Produzem teorias para explicar a ação de Deus dentro do universo, dividindo sua extraordinária presença em áreas como Biologia, Física, Química e outras matérias que tentam abranger Sua ação.

A ação que denominamos como Providência Divina se apresenta como orientação e direcionamento, proteção e preparação da evolução de todos os seres dentro da criação divina.

Mas é chegado o tempo em que precisamos fazer a nossa parte, transformando em ação a consciência de que fazemos parte dessa mesma Providência. Devemos cooperar pessoalmente junto a ela, que é a sustentação básica de nossas vidas, e assumir um compromisso com o desenvolvimento de nós mesmos.

É tempo, meus queridos irmãos, de caminharmos com os próprios pés em direção ao encontro do amoroso coração de Deus.

Ícaro fez a pausa costumeira para beber sua água. Depois, caminhou um pouco pela sala, em silêncio. Quando nossa

---

11 *O livro dos espíritos*, questão 1 - Allan Kardec - Editora FEB.

expectativa pela continuação da sua fala já estava no auge, ele falou, de modo pausado:

— Quem aqui percebeu que, na última aula, fui embora sem me despedir de vocês?

Quase que a totalidade das pessoas na sala levantou as mãos.

Ícaro sorriu e disse:

— E por que nenhum de vocês me procurou para saber o que ocorria?

Entreolhamo-nos e ficamos sem saber o que responder. Ícaro aguardou até que alguém se manifestasse.

— Mestre – começou a falar a moça que era sempre participativa –, aqui, temos uma hierarquia, que apreciamos e à qual gostamos de obedecer. Do meu ponto de vista, percebi que havia algo, mas não quis me intrometer, digamos assim.

— Filha – passou a responder Ícaro –, há dois mundos aqui: um dentro de você, e outro dentro de mim. Vamos observar os dois.

Faz-se necessário desenvolver um pouco de sensibilidade, tanto para compreender que tipo de sentimento guardo em mim em relação à atitude dos outros quanto para tentar compreender o que se passa com o próximo.

Há dois universos interiores relacionando-se, um dentro de mim, e outro em você. Cada um deve cuidar do seu, mas nada impede que busquemos compreender o que se passa no universo do outro, bem como daqueles que nos rodeiam.

Se querem saber, está tudo bem comigo! Mas quero que pensem em como se sentiram quando fui embora sem me despedir, e também na maneira como encararam essa minha atitude. Não reflitam sobre o que fiz, mas em como reagiram ao que fiz.

Após observar o ar de indagação e até de incompreensão que emitimos para entender exatamente o que sentimos, ele recomeçou as observações:

— Agora, refletindo sobre esse versículo, é chegado o tempo em que devemos dirigir nossa atenção para aprender a ler o livro vivo que somos. Tomar contato com nossa realidade espiritual. Analisando as forças vivas de que somos formados, é possível retratar, em miniatura, a mesma inteligência essencial que reflete a Realidade Divina. Nosso interior é um universo novo que está aberto para que cada um possa não só lê-lo, mas também escutar sua voz, o que nos transformará nos bem-aventurado que lê e que ouvem as palavras desta profecia e guardando as coisas que nela estão escritas.

Ícaro fez outra pausa, e alguém, aproveitando-se disso, levantou a mão e perguntou:

— O senhor quer dizer que o espírito é a essência dessa profecia, e a revelação fundamental do livro do Apocalipse?

— Isso mesmo! O espírito é a base de todos os livros sagrados, a fonte de pesquisa da escrita que João nos legou. É para essa realidade que devemos nos voltar se quisermos caminhar em direção a Deus. Muitos espíritos nobres foram exemplos dessa vivência, e Jesus é o guia e modelo.

E, para fecharmos o estudo do versículo, Ícaro ainda concluiu, perguntando a todos:

— Está próximo o tempo de quê?

Tomei coragem e ensaiei minha primeira participação:

— Tempo de vivermos em espírito dentro da vida. Seria isso? E, já aproveitando o ensejo, quero me desculpar por ter chegado atrasado.

— Sim, isso mesmo. – respondeu Ícaro, amistosamente. – E esse tempo é o que representa todo o período que chamamos de Regeneração da Terra. O período em que nos identificaremos com o espírito e não mais com os elementos que nos revestem, tais como o nosso corpo e o mundo material com seus valores, que têm sido, até agora, o ideal e a ânsia de sermos felizes.

Quanto ao seu atraso, não se preocupe, porque, na verdade, fui eu que iniciei a aula mais cedo.

Fiquei sem saber o que pensar e dizer. Por que Ícaro iniciaria a aula antes do horário que foi acordado?

Ícaro fez outra longa pausa e, olhando-nos nos olhos, disse:

— Agora, a questão que levantamos é sobre como perceber o conteúdo de nossa intimidade sem que a mente, que é o campo das experiências e informações, interfira nessa leitura com sua própria interpretação?

Por exemplo, nosso irmão ali deve estar pensando no porquê de eu ter iniciado a aula antes do horário combinado. E eu lhes responderei isso, mas, por enquanto, pensem apenas no desconforto que sentiram quando se depararam com esse fato. Vocês chegaram e alguns aqui acharam que estavam atrasados, embora não fossem os culpados. Então, o que sentiram?

É disso que trata o autoconhecimento. Como desenvolver um estado de alerta para fazer essa percepção de forma direta?

E, quando estiver nesse estado, como aprender a perceber puramente as forças vivas de dentro, sem a nomeação ou a interpretação da mente, sem julgamento ou luta?

Ficaremos com essas perguntas para podermos dar continuidade ao estudo amanhã. Tragam alguma solução para elas. Estão de acordo? Muita paz a todos!

E, assim, terminou a reunião daquele dia.

* * *

Dois amigos e eu aguardamos Ícaro na saída. Queríamos compreender uma das questões e resolvemos perguntar a ele:

— Como conseguiremos interpretar os sentimentos, as emoções e os pensamentos, que são a base da mente, sem que os julguemos ou os interpretemos por meio do nosso conhecimento?

— É muito difícil essa neutralidade observadora – reforçou o outro amigo.

— Veja – disse Ícaro –, isso é para que possamos lidar com essa realidade no seu contexto vivo, sem resistência ou julgamento, identificação ou análise, vendo os mecanismos psíquicos automáticos em sua expressão real.

Uma coisa, por exemplo, está me incomodando. Olhamonos sem compreender, e Ícaro disse:

— Tudo bem que vocês me procurem depois da aula para tirarmos suas dúvidas, mas por que não fazem isso enquanto a assistem?"

Ficamos sem responder, e Ícaro disse:

— Não respondam, mas observem a atitude de vocês.

Aliás, aconselho-os a observarem, por exemplo, a raiva, a mágoa, a tristeza e outras tantas emoções sem que se fixem nos nomes delas, pois estes são secundários e usados apenas para podermos nos comunicar com os outros no entendimento mútuo.

Por exemplo, todos viram que não me despedi na última aula, e muitos perceberam que a iniciei mais cedo hoje. Alguns sentiram certo desconforto, mas poucos pararam para observar o que estavam sentindo e o que fariam com aquele sentimento. Nenhum de vocês veio conversar comigo sobre o ocorrido.

Ícaro parecia incansável em suas explicações. Falou aos nossos ouvidos atentos, olhando-nos diretamente nos olhos:

— O processo que aprenderemos com o livro Apocalipse será um passo libertador para entrarmos em contato com o espírito que cada um é.

Um novo entendimento se desenvolve para percebermos a vida em outras particularidades que transcendem as palavras e as formas. A consciência disso tudo é o marco da transformação e promove a reforma verdadeira por meio do autoconhecimento.

Assim, Ícaro nos deixou para que pudéssemos discutir isso com ele no próximo encontro, junto aos outros irmãos de aprendizado.

O olhar interior

"Revelação de Jesus Cristo [...]."

APOCALIPSE 1:1

— Hoje, vocês irão se sentar ou se deitar e, simplesmente, observar a mente, com os olhos fechados. Farão esse exercício sem julgamento. Apenas com o objetivo de ver o fluxo dela expresso pelos pensamentos ou pelos estados emocionais que surgirem.

Após nos acomodarmos, Ícaro marcou uns minutos e deixou-nos estregues a essa proposta.

Muitos já tinham feito meditações e exercícios semelhantes, mas apenas observar a produção mental era a primeira vez. E confesso que, para mim, foi algo muito difícil de fazer. Eu estava muito ansioso com uma série de questões que envolviam a minha vida no plano espiritual. Entretanto, tinha que me desconectar daquilo e de tudo ao redor urgentemente.

Durante o tempo que assim fiquei, pude observar pouco da produção de minha mente. Meus pensamentos saíam abundantes, tanto com as preocupações imediatas quanto com os compromissos que assumimos nas tarefas de auxílio, seja aqui no plano espiritual, seja na crosta, ajudando os encarnados. Também vinham em meu pensamento as preocupações com os entes queridos que estão na Terra, com os irmãos em sofrimento, e por aí ia.

Uma gama enorme de pensamentos saíam de minha mente. Alguns harmoniosos e outros não muito agradáveis.

Passados os minutos marcados, Ícaro nos chamou para que retomássemos o estado normal de vigília. Enquanto alguns iam voltando, ele abriu uma roda e solicitou que falássemos.

Eu fui o primeiro a falar:

— Nossa! A minha mente não para. Saem pensamentos o tempo todo.

Ícaro me respondeu:

— Sempre que paramos para observá-la, percebemos seu funcionamento. Mas esse movimento frenético não é a natureza real dela. A mente está cheia e movimenta-se com o material acumulado nos condicionamentos adquiridos ao longo das existências.

Vocês já notaram que, na maioria das vezes, os pensamentos surgem sem uma causa justa, sem um acontecimento real, e são sem nexo e sem valor? São repetições de coisas e situações que já vivemos.

Aqui, em nossa colônia espiritual, temos pensamentos ocupados com coisas mais, digamos, sérias e edificantes, mas, no mundo físico, eles são, em geral, desperdício de energias psíquicas, gerando muitos problemas para nós e para o meio em que vivemos.

Pensar é manifestar uma das várias condições de criação do espírito. Neste aspecto, a Terra parece uma incubadora de pensamentos negativos e emoções perturbadas, que a mantém numa condição de planeta inferior, uma vez que seus habitantes, nos dois planos, alimentam padrões inferiores.

Com esse exercício que praticamos, começamos a observar algo que não temos o costume de perceber. Quero que façam o exercício proposto hoje ao menos uma vez por dia, antes ou depois do curso, está bem? Não durante a aula, claro.

Todos rimos, e Ícaro disse:

— E, assim, quem sabe, quando começarmos a ter consciência do que produzimos, iniciaremos a trajetória de libertação de muitos problemas provocados por nós.

Faremos, agora, o mesmo exercício, só que desta vez com os olhos abertos.

Ícaro pediu que nos acomodássemos novamente, marcou o início do exercício, e assim ficamos observando a mente, com a única diferença de que estávamos agora com os olhos abertos. Confesso que era ainda mais difícil olhar para ela com tanto estímulo de fora. Independente disso, ela continuava a produzir pensamentos o tempo todo.

Ao terminar o exercício, voltamos ao grupo para conversarmos.

Cristina, a amiga de trabalhos que sempre gostava de participar, comentou:

— Como é difícil vermos a mente com os olhos abertos! Com eles fechados, fica mais fácil.

Ícaro sorriu e exclamou em resposta:

— Para vermos o quanto ela produz o tempo todo, no estado de vigília ou não, sem que percebamos seu movimento!

Na inconsciência de sua dinâmica, quantas coisas alimentamos contra nós? Quanto produzimos negativamente que pode passar despercebido da consciência?

No exercício com os olhos fechados, percebemos mais o movimento mental, mas é importante também que observemos esse movimento com os olhos abertos, porque é assim que permanecemos por mais tempo e produzimos mais. No nosso dia a dia é que ela produz toda a carga de pensamentos e emoções que nos influenciam, assim como aqueles que convivem conosco. Não percebemos tanto esse movimento quando dormimos. Aqui mesmo, no plano espiritual, isso ocorre também.

É necessário despertar nossa consciência por meio da observação, sem reações contrárias ao que é produzido. Se aprendermos como a mente funciona, ela passará a não atuar mais com base na inconsciência.

Podemos afirmar que o apocalipse, nesse sentido, está acontecendo em nós. Estamos revelando uma vida com a qual não tínhamos tanto contato, a vida íntima que, na verdade, é a nossa produção espiritual. O espírito cria quando fala, pensa, reage e assim por diante. Precisamos tomar contato com esse processo de produção interior. Por isso mesmo, Paulo escreveu em uma de suas cartas: *Desperta, tu que dormes, {...}.*[12]

Hoje, para refletir nessa etapa de despertar consciencial, ficaremos apenas com esse exercício. Para começar, pratiquem-no ao menos três vezes por dia, se possível. A

. . . .
12 Efésios 5:14.

Apocalipse segundo a Espiritualidade

partir de agora, passem a realizá-lo com os olhos fechados e, depois, com os olhos abertos.

Muita paz a todos, meus queridos irmãos!

E, assim, despedimo-nos com o propósito de dar continuidade ao autoconhecimento, no processo vivo do apocalipse, nossa revelação pessoal.

Começávamos a perceber o funcionamento mais direto da psique e identificamos como é complexa a sua observação inicial. Tínhamos muitas dúvidas a serem respondidas.

Passado e futuro

"João, às sete igrejas que estão na Ásia: Graça e
paz seja convosco da parte daquele que é, e que
era, e que há de vir, e da dos sete espíritos que
estão diante do seu trono; [...]."

APOCALIPSE 1:4

Novamente reunidos, Ícaro apresentou o versículo 4 para análise:

— O que representa essa primeira parte do versículo? – perguntou ele.

Ficamos calados, já que não fazíamos a menor ideia do que representava. E Ícaro repetiu:

— Nessa primeira parte o evangelista direciona escrita às sete igrejas que estão na Ásia[13], mas, provavelmente, não às estruturas exteriores, e sim buscava a origem dos valores da fé, que é um sentimento inato do espírito e da sua inteligência essencial.

Quando falamos da Ásia, estamos nos referindo ao Oriente, que é a origem das civilizações dentro da história do planeta Terra. No contexto desse aprendizado, ela simboliza a origem da fé, que é o sentimento relacionado à nossa realidade

---

13 As sete igrejas são: Éfeso, Esmirna, Pérgamo, Tiatira, Sarde, Filadélfia, Laodiceia.

espiritual e ao nosso vínculo com o Criador. E esse sentimento, manifesto por meio das atitudes, representará as igrejas.

Que valores se ligam à fé? Essa é a pergunta fundamental.

O espírito imortal é descrito em *Graça e paz seja convosco da parte daquele que é, e que era, e que há de vir*. As expressões comportamentais dessa fé são as bases para as sete igrejas, no desenvolvimento dos germens que estão ligados aos sete valores básicos: oração, esperança, gratidão, confiança, crença, fidelidade e resignação.

Somos chamados a desenvolver esses valores na vida íntima, como seres inteligentes da criação, cuja fonte é o Amor, de onde se originam todas as inteligências espirituais.

Em geral, as condutas são sustentadas por sentimentos básicos, que estão representados no final do versículo *e da dos sete espíritos que estão diante do seu trono.*

Sentindo que o conteúdo que acabara de expor era muito profundo, Ícaro nos deu uma pausa para reflexões em torno do assunto.

Depois de algum tempo, alguém aproveitou a pausa para indagar:

— Como assim? Nossas ações têm por base os sentimentos básicos nascido do amor? Pode explicar melhor?

— Sim – reforçou Ícaro. — E quanto mais o espírito amadurece e cresce, maiores se tornam os campos de expressão do amor – sentimento universal –, que a tudo permeia e nos liga ao Criador.

— E quais seriam esses sentimentos básicos? – indaguei por minha vez.

Ícaro parou por alguns instantes, como a organizar a didática para nos explicar mais o tema, e depois falou:

— Os valores acima apontados são a base do sentimento da fé, mas há outros seis sentimentos fundamentais: abnegação, humildade, afetividade, misericórdia, paciência e desprendimento. Todos eles filhos do amor, sentimento essencial que nos liga a Deus e que sustenta todos os comportamentos.

As qualidades de inteligência para sermos pais, mães, profissionais e para lidarmos com o sofrimento, com as opiniões, pressões e tantos outros desafios existenciais são o que favorece a ampliação de capacidades novas. E tudo isso para percebermos a natureza daquilo que somos e para irmos de encontro com a natureza daquilo que Deus é.

Enquanto não desenvolvermos o autodomínio, não governaremos esse reino íntimo, porque os antagonismos dos sentimentos do passado geram o egoísmo, o medo, o orgulho, a indiferença, a imprudência, a violência, o apego e a ignorância.

Ícaro deu um tempo para que pensássemos. Depois, finalizou as abordagens sobre o tema:

— Reflitam nesses valores a partir de si mesmos.

Mas, antes de finalizarmos a aula de hoje, quero saber como foi com o exercício e a observação íntima? Vamos tirar as dúvidas?

Um rapaz aproveitou e falou:

— O que tenho que fazer quando olho para a produção mental? Devo pensar em algo?

— Não – respondeu Ícaro. – Apenas observe o que sai em forma de pensamentos e emoções, sem julgamentos, resistência a eles ou quaisquer outras intenções além de observar e compreender.

Outro colega de sala perguntou:

— Tenho que ficar em silêncio mental?

— Não, mas precisamos perceber o ritmo dos pensamentos e a forma como a mente funciona. É isso!

Ficamos todos muito reflexivos e calados. Realmente, era um conteúdo profundo e novo. Uma forma diferente de perceber a si mesmo. No treinamento para essa autoinvestigação, tínhamos a sensação de que o tempo demorava a passar.

E, assim, Ícaro deu por terminado o encontro, pedindo que continuássemos com o exercício durante o descanso em nossos quartos.

A conquista da consciência

O curso estava seguindo mais rápido do que imaginei. Ícaro, de fato, era direto em suas pontuações. Assim, iniciamos nosso encontro com o seguinte conhecimento trazido por ele:

— A teoria que tivemos sobre a nossa realidade espiritual, representada pelo corpo doutrinário – Jesus – foi para descobrirmos o que cada um é – o cristo – que é o espírito na condição pura.

Depois de uma ligeira pausa, que sempre fazia para que pudéssemos absorver suas palavras, continuou:

— Toda religião ou filosofia espiritual trata do mesmo aspecto investigador de saber que somos espíritos, independente se chamarmos essa realidade de Cristo, Buda, divindade celestial ou outros nomes dados à mesma essência – espírito – que temos de aprender a perceber em nós.

Nosso exercício de observação visa percebermos a nossa produção mental, pois ela é fruto da forma como o espírito age. Não podemos ver diretamente o espírito, mas podemos investigar como ele cria e atua.

Observar o pensamento e as emoções é ver o espírito em plena atuação no presente. Isso acontece o tempo todo, só que não notamos, pois nossa mente está constantemente cheia deles, o que nos faz reagir automaticamente, condicionados que estamos pelas emoções em quase todas as circunstâncias, embora estejamos inconscientes desse processo criador ou de como agimos como espíritos. E nessa inconsciência produzimos os problemas e os sofrimentos.

Com o autoconhecimento e o despertar de uma consciência ativa, um estado de alerta vivo, conquistamos a percepção do que antes era inconsciente e nos tornamos *a fiel testemunha*. Essa vigilância é natural e sem esforço ou luta.

Entrar em contato com a natureza mais profunda é ultrapassar o vínculo inconsciente com as reações impulsivas do passado, que se apresentam em forma de conflitos e sofrimentos. Por meio de uma nova percepção, podemos começar a ter uma liberdade perante a raiva, a mágoa, a tristeza, a inveja ou tantos outros sentimentos que se dispersam em forma de energias que nos dominam. Quando não as percebemos no momento de reagir, elas determinam quais atitudes teremos.

O custo energético da inconsciência é muito caro, pois estamos dentro de uma roda vida de reencarnações, muitas vezes inferiores, ligados à lei de causa e efeito até que nos libertemos dessa prisão e nos tornemos livres.

Ao percebermos que essas fontes fazem parte da nossa personalidade e são a base de sustentação de nosso passado evolutivo, compreenderemos que somos nós que determinaremos como elas serão canalizadas em nossas ações. Não permitiremos que atuem mais de forma inconsciente.

Quando elas param de ser alimentadas pela consciência vigilante, não causam mais características primitivas ou animalizantes, que determinam uma característica inferior para nossos espíritos. A consciência vigilante gera comportamentos comprometidos com o bem. Do contrário, é como se morrêssemos consciencialmente criando os núcleos de sofrimentos em nós mesmos por uma distorção de valores.

Meus caros irmãos, trazemos a morte viva na consciência com remorsos, culpas, arrependimentos que nos prendem a estados paralisantes. Quando uma percepção sobre esse processo se desenvolve, podemos não morrer consciencialmente e ser o *primogênito dos mortos* num ressurgimento de vida sobre as mortes consciências do passado.

Com o autodomínio dos impulsos do passado, poderemos utilizar essas energias tanto em benefício próprio quanto daqueles que nos rodeiam, passando a nos assemelharmos a Jesus: *príncipe dos reis da terra.*

Os reis da terra são representados pelo domínio que temos dos nossos impulsos de natureza material e fisiológica. Se tivermos o domínio nos campos da mente, perceberemos, como consequência natural, as emoções e os pensamentos que exercem influência direta no corpo, não sendo mais controlados por eles, não reagindo mais instantaneamente com raiva, mágoa ou outra emoção, já que estamos com foco nelas, e não em quem ou no que as provocou.

Com este posicionamento, há o deslocamento do foco e da importância que são direcionados para a pessoa que provoca nossa reação, pois nosso olhar se volta para a causa íntima dos nossos problemas, que são nossas reações despertadas pela ação do outro. Esse outro passa a ocupar a posição de professor, auxiliando-nos no propósito de conquistarmos o autodomínio, que seria transformar a posição de príncipe na de rei em sua plenitude.

Com essa consciência, elaboramos uma forma diferente de lidar com toda competência adquirida na evolução. E, enquanto essas energias persistirem em permanecer na nossa intimidade, é necessário que façamos a limpeza desses vestígios. Com o estado de alerta, perceberemos quando eles saem e não mais os retroalimentaremos pelos pensamentos automáticos e atitudes repetitivas.

Ícaro nos observou por um tempo, talvez tentando descobrir se estávamos realmente absorvendo tanta informação e conhecimento, e finalizou sua aula da seguinte maneira:

— A limpeza a que me refiro é o marco para que, aos poucos, tornemo-nos espíritos puros, despertando todas as qualidades divinas e desenvolvendo a conquista de nós mesmos.

Tenhamos todos um ótimo final de tarde. Não se esqueçam de que amanhã não teremos aula e que voltaremos no dia seguinte, no mesmo horário.

Apocalipse segundo a Espiritualidade

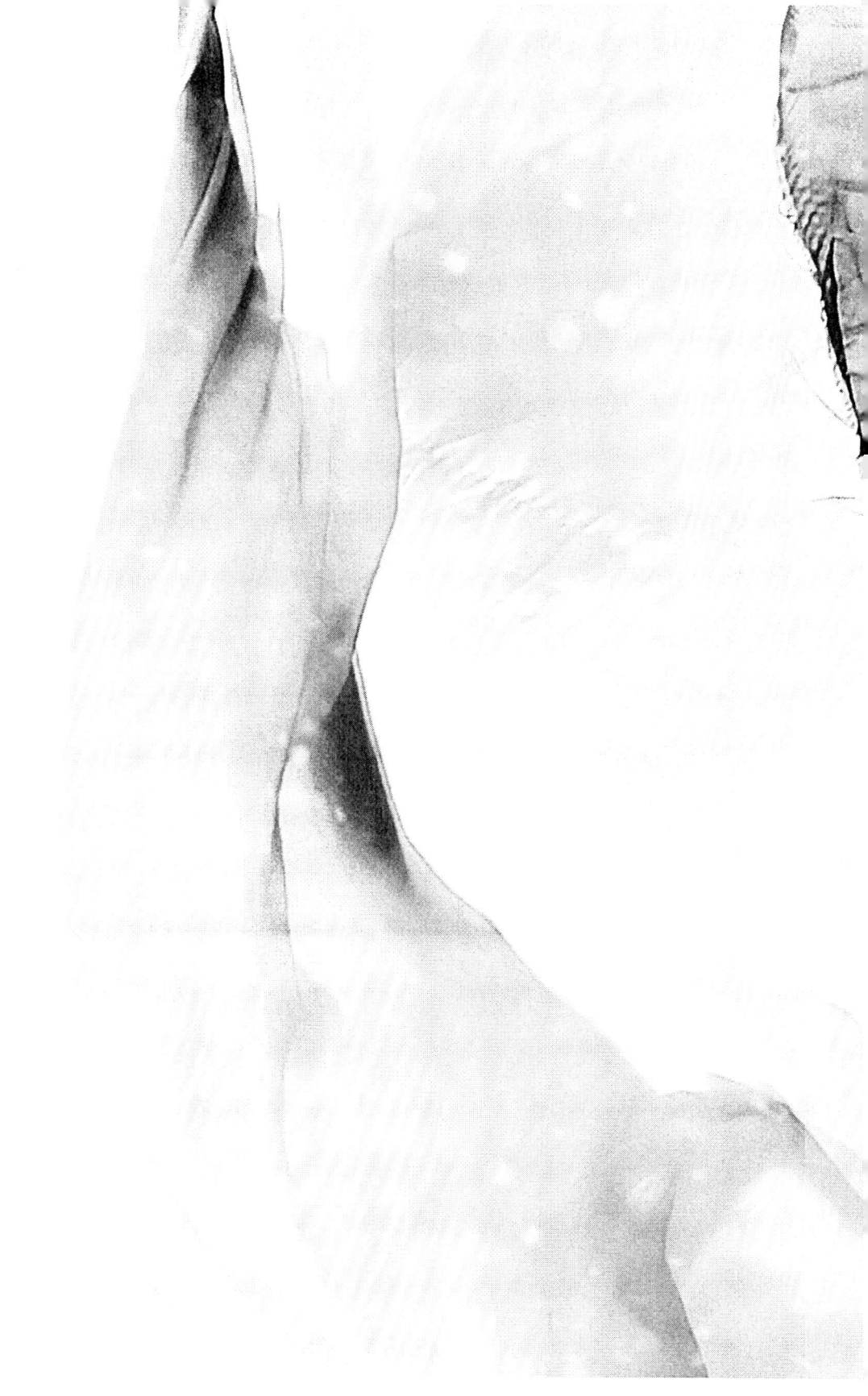

O sangue da vida

"[...] Àquele que nos amou, e em seu sangue
nos lavou dos nossos pecados."

APOCALIPSE, 1:5

Ficar um dia sem a aula do Ícaro foi bom para que tivesse tempo de pensar um pouco mais sobre as coisas que vinha aprendendo. Algumas vezes, tentei fazer os exercícios propostos, mas não consegui. Decidi que continuaria observando minha produção mental até que, naturalmente, ela atingisse o estado silencioso.

Quando retornamos à aula, expus minhas dificuldades e, colocando-nos em círculo, Ícaro apresentou uma questão que ajudaria a responder o porquê de eu não estar conseguindo me concentrar durante os exercícios:

— De que é formado o psiquismo, quando o observamos?

No início, ficamos todos calados, como que vendo a própria mente para poder responder. Aos poucos, porém, alguns foram falando que ele era formado de pensamentos, e outros diziam que era feito de sentimentos e emoções.

— Isso mesmo! – respondeu Ícaro. – A base dele é feita de emoções e pensamentos que determinam a forma como iremos reagir e sentir, expressando nosso jeito de ser.

Quando observamo-nos, minuciosamente, percebemos que somos formados por um conjunto de forças vivas que caracterizam o padrão de nosso espírito. Esse conjunto nos coloca na hierarquia evolutiva conforme a qualidade delas e dos tipos de pensamentos que temos.

Tanto na Terra quanto nos planos espirituais, muitos se questionam sobre suas reencarnações, preocupados em saber quem foram e o que fizeram. Querem reconhecer qual nome tinham ou como eram suas fisionomias. Consideramos essa preocupação uma perda de tempo, uma vez que muitas condições são transitórias, servem muito mais para saciar a curiosidade do que outros fatores que realmente marcam a qualidade interior, que é o mais importante nesse critério de observação.

Se observarmos bem, perceberemos que o que mais nos evidencia numa encarnação são as características emocionais e dos pensamentos. É nesse núcleo de energias que devemos nos ater, pois são as emoções, como a raiva, o medo, a inveja, o ciúme, a ansiedade são os aspectos da personalidade, que mais se repete em cada uma de nossas vidas. As características mentais nos acompanham e caracterizam nosso comportamento em todos os tempos; alguns se evidenciando mais que outros.

— E, depois de identificá-las, é possível que sejam canalizadas de algum modo? – perguntou um colega.

— Se estudarmos profundamente essas características energéticas, veremos que elas sustentam nosso modo de viver e são identificadas nas nossas formas de agir e na nossa maneira de ser. Dentro de um processo de identificação passamos a acreditar que somos esses estados emocionais. Necessário dinamizar essas características com inteligência para o nosso bem e o do próximo, em vez de sermos usados por elas.

Ao contrário de determinarem quem somos negativamente ou de criarem as disputas desnecessárias, podemos transformá-las em estímulo de crescimento pessoal e, pegando a inveja como exemplo, colocar a pessoa que invejamos como um modelo a seguir em direção àquela conquista.

Consegui responder-lhe?

— Sim – respondeu o aluno.

E Ícaro continuou:

— Pesquisemos com maior profundidade essa zona de energias vivas que trazemos na intimidade. O fluxo delas é o *sangue* que nos caracteriza até agora. É importante percebermos que quanto mais nos identificarmos com os aspectos físicos ou com as ilusões que alimentamos egoicamente, mais seremos conduzidos pelos condicionamentos emocionais perturbados e pelos pensamentos inferiores. E mais distantes estaremos da fonte viva do nosso espírito, da qual emana o amor àquele que nos ama, e em seu sangue, que é a verdadeira fonte de vitalidade equilibrada que deve nortear nossos passos com base em sentimentos nobres e elevados.

Assim como Jesus, alguns outros seres tiveram um contato mais direto com essa fonte, que é a expressão mais verdadeira do ser. Imaginem quando o mesmo ocorrer conosco! Enquanto isso, limpemos as atitudes infelizes que tivemos no passado, deixando de nos identificar com as glórias ilusórias da forma e do nome, tal como nos diz o versículo *nos lavou dos nossos pecados,* passando a sentir vivamente essas forças puras e criativas que nos sustentam verdadeiramente.

Nesse campo, perceberemos a beleza do amor, que é o fluido da vida universal ou plasma da criação, e que podemos classificar como o sangue de Jesus.

Por hoje, ficaremos por aqui. Abordamos muitos conteúdos. Leiam Apocalipse 1:6 para a próxima aula está bem?

Terminei aquele encontro com a sensação de estar sustentado pelo sangue de Jesus, pois meu espírito vibrava na Sua essência, para ter a vida em abundância.

Pensei em passar na biblioteca para apanhar alguns livros que pudessem expandir meus conhecimentos sobre o Apocalipse, mas resolvi ir direto ao meu quarto para descansar um pouco.

Autodomínio
O Reino dos Céus

"E nos fez reis e sacerdotes para Deus e seu Pai,
a ele, glória e poder para todo o sempre."

APOCALIPSE, 1:6

— Hoje, conforme avisei, conversaremos sobre nossa prática de percepção, pois ela é o tema do versículo 1:6 do Apocalipse, e poderemos compreendê-lo de forma viva.

O que é autodomínio em se tratando da mente, sede dos pensamentos e emoções?

Um jovem de olhos claros tentou responder da seguinte maneira:

— Acho que autodomínio é controlar as próprias emoções, bem como os pensamentos, os impulsos e as reações. Tento fazer isso quando penso em algo que não gosto ou quando tenho emoções que me perturbam. Assim, procuro controlá-los e eliminá-los trocando de pensamentos.

— Mas isso é controlar? – Indagou Ícaro. – Não seria mais uma fuga, um distanciamento do que está acontecendo?

O aluno coçou a cabeça, demonstrando que precisava pensar mais sobre o assunto. Ícaro, indo em direção a ele, disse:

— Se não podemos controlar as emoções, temos como deixá-las saírem de nós naturalmente, tomando o cuidado de não materializá-las por meio dos pensamentos, das palavras ou de ações que as fortaleçam, deixando as energias fluírem. Enquanto espíritos detentores do poder de decisão, podemos nos monitorar pelos pensamentos, para não alimentarmos intenções negativas que as nutram. O psiquismo, por si só, não tem poder de sustentação, depende do agente criador.

No domínio das emoções ou dos pensamentos, entenderemos a parte do versículo 6: *E nos fez reis e sacerdotes para Deus e seu Pai.* Esse é o verdadeiro reino sobre o qual podemos ter domínio – sobre o espírito, e não sobre as coisas que atuam sobre ele ou nele.

— Como assim, que atuam sobre ele ou nele, Ícaro? – indagou o mesmo jovem, disposto, pelo jeito, a compreender tudo.

— Vamos usar um exemplo prático na realidade humana. Quando uma pessoa está com vontade de comer alguma coisa, mesmo não estando com fome, ela pode ir lá e comer ou parar e observar o que despertou nela essa vontade. Também pode optar por não ir e ficar completamente tranquila, observando os pensamentos que quiseram induzi-la a comer e as emoções que a influenciavam na busca pela comida. Assim, poderá verificar se essa energia vem da ansiedade, da raiva ou da vontade de falar sobre isso.

Tendo a capacidade interior de não atender aos estímulos automatizados, apenas observando-os e deixando-os passar, como estado energético que se exaure por completo, essa pessoa poderá apenas ver suas reações e não dar vazão a nenhum dos outros aspectos, até que a situação mude e deixe-a completamente tranquila. E aí, só depois, vai comer alguma coisa.

— Ah, mas ficar sem comer é difícil! – brincou o jovem, e todos rimos.

— Mas eu não disse que era fácil controlar os próprios impulsos – respondeu Ícaro. – Essa capacidade de observação é propiciada pelo espírito em si, que criou a condição de domínio próprio ou o seu reino. Podemos fazer isso com tudo o que nos acontece dentro das experiências que vivemos, indiferente se é fome, dor, medo, raiva, necessidade de sexo e assim por diante.

Um dia, o domínio baseado no espírito será a *glória e poder para todo o sempre*, como foi descrito no final do versículo.

Quando definimos por controle a tentativa de se opor, reprimir ou disciplinar esses estímulos automatizados, utilizando a nossa vontade, geramos uma resistência a eles.

Na psicologia tradicional dos homens, esse controle se chama recalque e nos mostra que quanto mais oposição fazemos a esses estados, mais resistência eles apresentam, provocando desequilíbrios e doenças.

Numa outra vertente dos estudos psicológicos, acredita-se que, se a pessoa se expressar com liberdade quando está com raiva, atender aos impulsos sexuais sem equilíbrio ou comer o quanto quiser, mesmo sem estar realmente com fome, amenizará aquela sensação. Isso é apenas momentâneo e superficial, uma vez que os núcleos que geram essas energias são ainda mais alimentados e não esvaziam.

— Temos um exemplo prático? – perguntei.

— Claro. Por exemplo, quando você está com raiva e grita ou age de acordo com ela, mais seu núcleo aumenta. Numa investigação mais profunda, veremos que a expressão da raiva foi precipitada, pois apenas aliviou de imediato, sem libertá-lo da influência direta dos núcleos energéticos. O que essas atitudes fizeram foi nutrir o próprio núcleo por meio de uma retroalimentação, fortalecendo-o na sua mente, em suas matrizes criadoras.

— E como podemos combater nosso automatismo? – perguntei.

— Cada um desenvolve sua própria cura, mas o autoconhecimento é fundamentado na percepção direta dessas forças, sem resistência ou luta para com elas. Podemos observá-las em seu estado latente. Com esse olhar, passamos a compreender suas características funcionais e a não permitir que nos comandem, deixando-as se dissiparem por si mesmas num fluxo de esgotamento natural, sem direcioná-las contra nós ou contra o outro.

Nesse nível de consciência interior, despertarmo-nos para o verdadeiro sacerdócio: o domínio sobre as forças que vivem em nós. A harmonia gerada é a expressão da verdadeira religiosidade.

Ícaro fez sua costumeira pausa e disse:

— Tudo bem até aqui?

Como ninguém expôs mais nenhuma dúvida, ele finalizou:

— Meus queridos, quando aprendemos a usar os potenciais depositados por Deus em nós, desenvolvemos a consciência elevada, numa administração sábia e nobre dos recursos divinos, confirmando o anunciado do versículo de hoje: E nos fez reis e *sacerdotes para Deus e seu Pai; a ele glória e poder para todo o sempre. Amém.*

A nova consciência

> "Eis que vem com as nuvens, e todo o olho o
> verá, até os mesmos que o traspassaram; e todas
> as tribos da terra se lamentarão sobre ele. [...]"

APOCALIPSE 1:7

Eu já estava na sala, mas Ícaro ainda não tinha chegado. Parecia que eu ouvia a sua voz ecoando em mim: — "O autodescobrimento, por meio do trabalho de percepção, é o apocalipse individual, entendido de forma vivencial, perceptiva, e não apenas pelo conhecimento, pelo uso da racionalidade."

Depois de poucos minutos, ele apareceu na porta.

Após cumprimentar uma turminha que chegava aos poucos, deixando a sala lotada, Ícaro apresentou o versículo para a análise investigadora.

Lemos o versículo 7 e aguardamos seus esclarecimentos:

— Ao usarmos os sentidos físicos num processo de observação, apresentamos uma capacidade limitada de percepção que tem relação com as *nuvens* que cobrem ângulos não materiais que envolvem a mente, que estão além do cérebro. A natureza espiritual é encoberta pela *nuvem* da matéria. Assim, tiramos conclusões precipitadas e superficiais tanto do Universo como de nós mesmos.

Quando usamos os olhos do espírito para observar a mente, olhamos além das *nuvens*, pois quem reencarna *vem com as nuvens* que tamponam a percepção de realidades mais profundas.

Despertando o olhar do espírito pela consciência do que se passa em nós, habilitamo-nos, antecipadamente, a enxergar com a mesma lucidez dos que já desencarnaram e nos colocamos na situação dos que *traspassaram*.

Ao realizamos a investigação do psiquismo, direcionamos tanto as energias emocionais quanto os pensamentos para outra finalidade.

Essa busca é uma necessidade para os espíritos encarnados e para os que já se encontram deste outro lado da vida, ou seja, *até os mesmos que o traspassaram*. Os espíritos desencarnados que se encontram nas zonas inferiores, e mesmo nos primeiros patamares de planos próximos à Terra, continuam como se estivessem materializados, sentindo as mesmas sensações e prendendo-se às necessidades ilusórias dos valores humanos, numa ânsia de buscá-los, sem conseguirem ultrapassar as percepções sensoriais dos homens na matéria.

O entendimento íntimo é uma necessidade para todos os seres, estejam eles onde estiverem. Esse será o marco da consciência que está se desenvolvendo no planeta e torna-se o ponto de referência, do qual partirá nossa renovação real.

O deslocamento da nossa percepção para os campos da criação íntima nos coloca como o centro do nosso universo.

Ícaro parou de falar e, virando-se para o painel eletrônico, plasmou a palavra "tribos". Eu ainda não compreendia o funcionamento daquela tela fina e delicada, que captava o pensamento de nosso professor à medida que ele desejava, mas não estava ali para descrever os aspectos da avançada tecnologia da colônia.

Apontando para a palavra, ele disse:

— Assim, na precisão desse novo olhar, as emoções e impulsos vivos do passado – *tribos* – passarão a se subordinar a essa consciência desperta.

Estaremos simplesmente atentos ao que acontece. Desde o nascedouro dos reflexos condicionados, *as tribos*, até suas atuações nos comportamentos, poderemos modificar suas ações em nós.

Enquanto guardava o pincel, Ícaro questionou:

— Quantas vezes, durante o nosso exercício, vemos as emoções e os pensamentos perturbados e temos a oportunidade de não os alimentar ou sustentá-los?

Descobriremos que as emoções e os pensamentos existirão sem nos manipular, impulsionando a nossa libertação, com a dissipação de suas energias.

Quero que entendam que o resultado dessa dinâmica será a diminuição dos núcleos de forças que carregamos conosco há milênios, e já não terão a mesma determinação sobre nossa forma de viver, *e todas as tribos da terra se lamentarão sobre ele*, o espírito que começa a predominar sobre a matéria.

Hoje, ficaremos por aqui, em nossa aula, está bem?

Feliz, eu conseguia acompanhar as aulas, independente das minhas demandas fora dali.

Neste dia, porém, pensava em conversar com Ícaro sobre o fato de não conseguir me concentrar nos exercícios de observação.

Eu não sabia se o chamava no final de uma aula ou se o indagava sobre isso em público. Mas, antes do curso, eu já tinha trabalhado e estava exausto. Então, fui para o meu quarto descansar.

10

Inteligência atemporal

"Eu sou o Alfa e o Ômega, o princípio e o fim,
diz o Senhor, que é, e que era, e que há de vir, o
Todo-Poderoso."

APOCALIPSE, 1:8

Uma coisa que eu estava gostando no curso era o fato de Ícaro ir direto ao ponto. Não que os outros mestres da escola não fossem objetivos, mas é que eu tinha a sensação de que ganhava tempo, em vez de perdê-lo. Creio que isso seja comum quando ansiamos por uma transformação rápida.

Pensava nisto quando fui interrompido pelas palavras de Ícaro:

— Hoje, discutiremos um pouco sobre inteligência.

Assim, de forma direta, como sempre, Ícaro começou nosso encontro daquele novo dia:

— A essência do ser é a inteligência e é o que nos liga à própria condição existencial de Deus, que é a Inteligência Suprema do Universo.

Mas o que é essa inteligência que estamos tratando? – perguntou Ícaro.

Ficamos calados por um tempo, aguardando que ele mesmo pudesse dizer alguma coisa. Como ele demorou a responder fui o primeiro a argumentar. Eu queria que Ícaro se lembrasse bem de mim quando eu fosse conversar com ele sobre minhas dificuldades nos exercícios fora da sala de aula.

— Não seria o fato de olharmos e vermos a capacidade de nossa própria inteligência? – perguntei, observando a mim mesmo. – Então, podemos dizer que somos inteligência, intelectualidade, saber e conhecimento?

— Mas só existe essa qualidade de inteligência?

— Temos também a inteligência emocional, não é mesmo? – afirmou, com entusiasmo, uma moça ao meu lado.

— Vejamos. Podemos afirmar que a inteligência é uma qualidade ampla do espírito e que se expressa fragmentariamente, pois desenvolvemos, mais acentuadamente, algumas áreas em prejuízo de outras, em determinadas encarnações. Isso ocorre para que desenvolvamos as que não temos e adormeçamos, temporariamente, aquelas já desenvolvidas, até que despertemos completamente a inteligência essencial, que é um atributo do próprio espírito.

O versículo de agora começa com o *Eu sou o Alfa,* que quer dizer que somos uma inteligência viva e latente que será despertada da sua condição de Princípio Inteligente. Essa inteligência caracteriza-se pela mesma qualidade da Inteligência Suprema, que sustenta a vida. E seremos *o* Ômega, que é a inteligência plena, quando nos tornarmos espíritos perfeitos ou, de acordo com da Doutrina Espírita, espíritos puros.

No estado de espíritos despertos, voltamos a entrar em contato com a nossa natureza real e atemporal, cuja qualidade é a inteligência. Essa condição sempre existiu e existirá. É a fonte a refletir o verdadeiro e único Poder Universal *e que era, e que há de vir*, e que reflete a Inteligência Suprema, *o Todo-Poderoso*.

Quando percebemos nossa conduta atual, constatamos que ela é baseada em nossos conhecimentos, experiências e valores adquiridos de fora para dentro ao longo do passado. Por mais que atuemos sobre a vida do ponto de vista de sermos criativos, estaremos limitados para lidar com o novo e o desconhecido. Ao contrário, quase sempre reagimos em vez de agir, lembramo-nos das coisas para afirmar algo, sem termos uma nova percepção de um fato, utilizando o que já está formado como nosso fundo de memória e vendo as coisas com as lentes do que já vivenciamos, pelos olhos do homem velho que queremos manter.

Lembramos aqui as palavras do Evangelho, daquele seguidor de Jesus que pediu para enterrar seu pai, que morreu, e o Mestre lhe respondeu: *Segue-me, e deixa os mortos sepultar os seus mortos*[14], numa proposta de abrirmos mão do passado para nos predispor ao que é novo, principalmente no que se refere à natureza imortal do espírito.

Dessa forma, quando entrarmos nessa camada real pela observação íntima, será possível utilizar todas as qualidades adormecidas. Somente a partir daí, poderemos realmente falar de nossa origem e de Deus.

Meus queridos irmãos – disse Ícaro depois de uma leve pausa – hoje, quero, se me permitem, fazer uma aula mais curta,

· · · · · · · · · · · · ·
14 Mateus 8:22.

porque deixarei o restante do tempo livre para que vocês possam fazer, aqui mesmo, o exercício que lhes ensinei."

— Ainda bem! – pensei alto.

— Sei que, entre vocês, há os que estão com dificuldade de se auto-observar.

Quando Ícaro disse essas palavras, eu tomei um susto. Olhei para os lados, incrédulo, pensando se ele havia lido os meus pensamentos sobre as minhas dificuldades.

— Sim, meus irmãos, tem gente que não está conseguindo fazer os exercícios, então usaremos este momento para exercitar e aprender uns com os outros, não é mesmo?

Mas, antes de liberar o tempo para o exercício de autoinvestigação, quero registrar que, entrar em si mesmo é voltar ao que sempre fomos, espíritos ou inteligência essencial. O exercício não será feito com desgaste, e sim com leveza. Se nos esforçamos distorcemos o exercício, que, na verdade, é uma dedicação mais direta da nossa percepção.

Olhem para aquela flor ali na frente, sem esforço.

Ícaro nos deu o tempo necessário para observar e perguntou:

— Estão fazendo esforço para olhá-la?

A maioria disse que não.

— Pois é assim que devem fazer o exercício. Devem simplesmente pousar a percepção, naturalmente, sobre a vida interior e exterior.

A escrita sem forma

"Que dizia: [...] O que vês, escreve-o num livro [...]."

APOCALIPSE 1:11

Minhas indagações eram respondidas, sem que me expusesse tanto. Era como se ali, naquele curso, Deus me ouvisse e fosse me dando as respostas aos poucos.

Depois de revisar o exercício de observação em sala de aula, tentei novamente lá na biblioteca, de olhos abertos, e de olhos fechados em meu próprio quarto.

Creio que ainda levará um tempo para que eu possa atingir meu objetivo, mas, pelo menos, estava me sentindo bem, porque não havia desistido, como fizera com tantas outras coisas em minha vida.

Mas, voltando à realidade do dia, começamos com o versículo 11, escrito e iluminado em letras cursivas no painel à nossa frente.

Ícaro começou a discussão perguntando:

— Que espíritos precisam escrever alguma coisa, e quais não têm de escrever? E por que isso acontece? Alguém sabe?

Ninguém respondeu ou falou uma só palavra, mesmo porque, em uma matéria tão específica e desconhecida, não sabíamos nada a respeito da percepção de nós mesmos, quanto mais da dos outros. Ele, então, continuou:

— Sabemos que Jesus não escreveu nada, além de algumas palavras no chão, com um graveto, diante de uma multidão que queria apedrejar uma mulher que diziam ter sido pega em adultério[15].

Provavelmente o que o Cristo escreveu diz respeito aos vícios de condutas, como mentir, roubar, enganar, entre tantos. Cada um daqueles homens que queria apedrejá-la se viu identificado com alguns deles e, por isso, foi saindo dali.

Será que é porque quem já sabe ler a verdade, em si mesmo, não se apoia em livros exteriores e não depende das autoridades de fora?

Continuamos calados. É que a maioria nunca tinha pensado sobre isso. E, na verdade, a sala estava tão cheia, que creio que muitos queriam evitar qualquer tumulto de ideias. Sem contar que, ao contrário dos outros cursos que fizemos, neste não tivemos ainda a oportunidade de aprender o suficiente para afirmar algo, nem nos apresentar uns aos outros.

Mas Ícaro parecia saber mais de nosso silêncio e aparentava não se preocupar com ele. Então, continuou:

— É o conteúdo que importa, e não a sua escrita ou descrição, que, na verdade, possui um mero propósito de comunicação e registro ao longo do tempo, para que as partes se entendam e os ensinos cheguem a mais pessoas.

---

15 João 8:1-11.

Apocalipse segundo a Espiritualidade

Mas, observando o que somos enquanto inteligências espirituais, a percepção de nossa realidade é o essencial e o que importa de verdade. E, teoricamente, ainda não sabermos o que somos. Somos livros vivos em que Deus escreve no movimento infinito da vida sem usar palavras formais. Descobrir e observar o conteúdo dessa inteligência é ler um livro que não tem começo nem fim, cujas páginas multiplicam-se ao infinito. A sabedoria nasce daí.

Todos os livros sagrados e científicos, escritos na Terra até hoje foram inspirados por uma fonte de contínua vivacidade e de movimento transformador.

É chegado o momento de despertar e descobrir as letras energéticas desse movimento, para escrevermos nas páginas dos relacionamentos, usando como lápis, canetas e pincéis as nossas ações, palavras, atitudes e pensamentos. Aí sim, deixaremos a nossa marca dentro da existência.

Ler em si mesmo a verdade individual e intransferível depositada por Deus em nós, na condição de espíritos é o desafio dessa etapa de evolução. É necessário perceber com profundidade esse campo infinito de possibilidades que temos – *O que vês* – e, por meio dessa conscientização, utilizar todo o material vivo que trazemos na intimidade, e cuja natureza é energia para o bem infinito junto aos nossos irmãos no universo. Dessa forma, entramos em contato com a abertura de um novo processo de aprendizado.

Sábio é aquele que sabe ler em si a fonte de saber incorruptível.

Ícaro se calou para que pudéssemos refletir e nos atentar à nascente da própria intimidade. Era inadiável percebermos o que somos, para ver o conteúdo divino que carregamos e escrever no livro da vida.

Antes de sairmos da sala, quando muitos já estavam de pé, Ícaro disse:

— Meus queridos alunos, quero registrar que, desde que as aulas iniciaram, o número de participantes vem crescendo, e não há mais espaço confortável para todos .

Vou sugerir aos nossos dirigentes que nos coloquem em uma sala maior. Quero um ambiente acolhedor para todos. Concordam?

Houve um murmurinho de aprovação por toda a sala, e fomos saindo aos poucos, já que, realmente, agora éramos muitos.

12

Semelhante ao Filho do Homem

"E, no meio dos sete castiçais, um semelhante ao Filho do Homem, [...]."

APOCALIPSE 1:13

Ícaro iniciou sua aula agradecendo aos dirigentes da casa por terem permitido que fôssemos para um auditório maior. De fato, agora tínhamos mais conforto nas poltronas e, pelo formato em níveis diferentes das fileiras, todos podiam ver melhor o rosto iluminado de Ícaro, que iniciou a aula assim:

— Hoje, nosso encontro é para falar um pouco dos fenômenos premonitórios e do conceito de finais de tempos.

Muitos dos fenômenos premonitórios surgem por meio da mediunidade ou da intuição. Podem surgir também pelas lembranças inconscientes que têm aqueles que, por meio do desdobramento espiritual pelas portas do sono, participam de reuniões que ocorrem frequentemente em nossos planos.

Nessas reuniões, podem participar Coordenadores do Sistema Solar, do qual a Terra faz parte, já que nesses encontros são definidos os períodos que estão ligados às mudanças pelas quais o planeta terá de passar.

Essas mudanças têm finalidades específicas no que diz respeito ao despertar de consciência coletiva da humanidade. Um deles tem recebido o nome de "os finais dos tempos" por muitos estudiosos. Final esse que tem mais a ver com um propósito preestabelecido do que com uma fatalidade, digamos, mórbida.

Alguém tem dúvida quanto a isso?

— Mas não afirmam que ocorrerão acontecimentos ou eventos drásticos, mortes coletivas ou ocorrências na natureza que provocam destruição? – perguntou o rapaz sentado à minha frente. A sala se encontrava tão lotada, que eu já não conseguia dizer se conhecia todos ali.

— Veja. – ponderou Ícaro, dirigindo-se para o nosso lado. – Não seriam esses fenômenos como aqueles que ocorrem de modo natural em qualquer parte do universo?

Eventos como esses não acontecem especificamente nos finais de tempos, mas podem existir tanto inseridos nesse contexto como em qualquer ciclo de um planeta.

O rapaz à minha frente concordou com um aceno, e Ícaro seguiu com sua aula.

— Já que compreendemos essa parte, vamos voltar à premunição.

Lembranças de eventos temporais, como os descritos no livro de João, foram catalogados como sendo registros proféticos que os homens da atualidade tentam decifrar, relacionando-os com acontecimentos externos, fixados por datas específicas. Essas interpretações têm gerado muitas perturbações a quem lhes dá crédito, gerando ações precipitadas de desespero e medo.

Sabemos que Jesus é o responsável pelo destino da Terra e, desde o princípio de sua formação, tem sido Ele o orientador das mudanças necessárias para o crescimento do orbe. Enquanto Construtor Sideral, edificou a Terra, juntamente com Sua falange de trabalhadores nobres, tendo como finalidade específica o desenvolvimento das almas novas ou necessitadas do aprendizado que este orbe – um educandário sublime – pode oferecer.

Este estágio possibilita às mentes infantis o desenvolvimento de seus psiquismos primitivos para atingir o despertar da consciência. Atuando no campo humano, aprenderão a expandir suas inteligências fragmentadas e simples em direção de seus potenciais plenos.

Em torno de Sua Individualidade, criou-se uma posição de respeito e adoração a todos os seres planetários que com Ele tiveram contato. Pelas condições imaturas que nos caracterizavam e pelo início desse relacionamento, colocamo-nos na condição de servos obedientes ao Seu comando, gerando, por consequência, uma idolatria característica de uma fé simples e inocente.

Assim, a maioria de nós se coloca sob forte dependência das Suas forças para sentir segurança naquilo que faz e que se deve ser.

Mas entramos numa fase evolutiva em que somos convocados ao desprendimento dessas características de dependência, por mais constrangedor que isso pareça. Essa fase representa a nossa entrada na maioridade espiritual, quando passaremos a caminhar com os próprios pés e nos distanciaremos dessa postura infantilizada de dependência.

Esse sentimento foi estruturado no tempo e no espaço, na forma direta e indireta da presença de Jesus junto de nós. Agora, vamos deslocá-Lo para a posição de irmão e companheiro de caminhada em direção ao infinito.

— Isso quer dizer que podemos nos igualar a Jesus? – perguntou o mesmo jovem sentado à minha frente.

Ícaro riu e disse:

— Não exatamente no imediatismo do tempo, mas, um dia, todos serão espíritos puros como Ele hoje é. Por isso, Jesus disse: *Já vos não chamarei servos, {...}; mas tenho-vos chamado amigos, {...}.*[16]

Precisamos mudar a forma de como nos relacionamos com espíritos superiores e, como consequência, como Ele, evitando uma certa dependência e acomodação de nossa parte, buscando andar com nossos próprios pés.

Apesar de algumas impressões negativas que formamos, ao pensar nessa dependência, o principal sentimento que surge é o medo com relação a darmos um passo nessa direção. As emoções primitivas têm regido nossas vidas e paralisado o movimento de ascensão. Elas não são mais adequadas para conduzirem nossas escolhas e ações na postura íntima de independência que devemos ter daqui para frente.

Descobriremos, naturalmente, a razão dessa autonomia passando a sentir o referencial da vida a partir de nós mesmos, gerando uma segurança natural apoiada na inteligência que desperta a partir da nova consciência. Desse modo, Jesus

16 João 15:15.

passa a ocupar a posição de nosso amigo e irmão, e não mais de uma autoridade ou suporte para suprir necessidades que não teremos mais.

O versículo 13 fala da premonição que acontecerá com todos no trabalho de regeneração *e, no meio dos sete castiçais, um semelhante ao Filho do Homem.*

Esse comportamento será gerido pelo movimento de descobertas dos novos ângulos da vida universal – o Apocalipse – que se encontra em cada filho de Deus. Todos os aspectos anteriores de dependência foram necessários, mas, agora, representam um entrave perante nossas condições de agentes divinos da vida, em cooperação com a Inteligência que rege a vida sob os aplausos do amor. Essa é a grande meta do trabalho de autoconhecimento.

— Sinto que teremos dificuldades, mestre! – observou alguém no público.

— Sim. – concordou Ícaro. – Sentiremos dificuldades perante a mudança a que nos propomos, mas tenhamos a coragem de caminhar nesse novo nível de evolução, para o qual somos convocados por meio da percepção investigadora.

Sentiremos uma falsa sensação de desconforto, que parece indiferença e ingratidão Àquele que se doou quando ainda éramos pequenos espiritualmente, necessitados que fomos de Seus braços e de Sua orientação.

Jesus não quer mais permanecer nessa posição e não se sentirá menor por isso; pelo contrário, Ele espera que cumpramos a parte que nos cabe no engrandecimento de nós mesmos e que façamos o que pudermos no contexto das mudanças pelas quais o planeta passa.

Buda, Krishina, Kardec, Krishnamurti e outros instrutores subordinados à Sua influência direta aguardam-nos para que venhamos a nos colocar num novo padrão de movimentação dentro da vida, cumprindo a expressão do versículo estudado, por meio do encontro com nossa verdadeira natureza espiritual. Passaremos a ser exemplos vivos para os que se encontram na retaguarda.

Ícaro fez uma pausa final e perguntou:

— Tudo bem até aqui?

E como todos fomos unânimes em concordar, ele finalizou:

— Ok. Não os ouvi fazendo comentários sobre a nova sala, mas estou contente com a mudança. Espero que tenham gostado!

E, sorrindo, Ícaro saiu antes que qualquer um pudesse interrogá-lo.

13

O silêncio da mente

"E a sua cabeça e cabelos eram brancos como lã
branca, como a neve, [...]."

APOCALIPSE 1:14

Ícaro começou a aula fazendo-nos observar a psique por alguns minutos. Foi bom porque eu já realizava tranquilamente o exercício de olhos fechados, mas o de olhos abertos eu ainda não conseguia.

Depois de algum tempo, com todos em silêncio, começou a falar de modo calmo:

— Pensamentos e emoções têm determinado a qualidade de vida e de relacionamentos que temos, caracterizando nosso comportamento. Por meio do exercício de observação, desenvolveremos um estado de tranquilidade íntima. O autoconhecimento elimina cerca de 60% a 70% dos problemas, uma vez que são sustentados pela forma como pensamos e sentimos.

Enquanto falava, Ícaro caminhava pelo auditório. Atrás dele havia um painel que imprimia automaticamente as palavras-chaves que tinham a ver com o conteúdo da aula; geralmente, tiradas do livro do Apocalipse.

— É importante perceber o processo do pensar e do sentir. Como a *cabeça* representa esse centro produtor, criado pelo espírito, os *cabelos* são sua cobertura e, ao mesmo tempo, um símbolo de nossas antenas captadoras das forças que estão fora e dentro de nós, principalmente pela sintonia existente entre os espíritos encarnados e desencarnados, que atraímos pelo intercâmbio mental, bem como do mediúnico e da sintonia natural com o que somos.

O primeiro passo é nos tornarmos conscientes de sua movimentação e dos problemas causados pela mente. Somente pelo autoconhecimento poderemos começar a nos libertar da prisão desse centro de forças vivas, que deveria ser dirigido pelo seu criador: o espírito.

O que observamos é o contrário. Permitimos que pensamentos e emoções determinem nossa forma de viver em função do desconhecimento de sua funcionalidade. A ferramenta que era usada apoderou-se de quem a criou por causa da inconsciência que alimenta o processo.

Observem mais a si mesmos no dia a dia.

O aluno à minha direita perguntou:

— Há outros meios para atingirmos este objetivo, além do exercício?

— A claridade consciencial desenvolvida pelo autodescobrimento será suficiente, e atingiremos o estado da consciência alerta, enfraquecendo o domínio dela – respondeu Ícaro diretamente ao aluno.

Quanto mais se tem a consciência desenvolvida mais diminui a ação dos pensamentos e das emoções. A continuidade do trabalho perceptivo deve se transformar em uma necessidade, para que comecemos a ver a diminuição de seu fluxo e de sua ação dominadora.

Em consequência, poderemos constatar naturalmente o surgimento de um "espaço vazio" entre os pensamentos. Muitos chamam esse processo de meditação. A diminuição do ritmo de saída dos pensamentos proporcionará, cada vez mais, o silêncio natural do nosso mundo mental, numa quietude sem esforço, processo obtido pelo simples observar, sem julgamento ou defesa. A mente que estava cheia se esvazia.

Nessa condição, refletimos claramente o versículo que diz: *E a sua cabeça e cabelos eram brancos como lã, como a neve, {...}.*

Quero que me procurem se estiverem com dificuldades de fazer os exercícios ou se tiver ficado alguma dúvida com relação aos versículos já estudados.

Alguns alunos têm me buscado para falar de versículos que ainda não abordamos. Não quero desmotivar ninguém a ler o livro do Apocalipse inteiro, mas terão de esperar para que todos possamos avançar juntos nesta seara do conhecimento.

Bom final de tarde a todos!

Percepção sem julgamento

"[...] e os seus olhos como chama de fogo."

APOCALIPSE 1:14

Eu já havia aprendido que o mais importante não era definir se o que eu sentia era ansiedade, mas observar por que estava ansioso e refletir no modo como deveria encarar este meu sentimento.

Mas, quando achava que já havia compreendido tudo, Ícaro vinha com novidades. Então, naquela manhã, ele começou pedindo que observássemos a vida.

Era difícil saber exatamente a que ele estava se referindo, então olhamos para tudo ao nosso redor.

Como era bela a natureza em volta!

Depois de alguns minutos contemplando a vida, Ícaro abriu a discussão em grupo:

— Como foi observar a vida?

A cada momento, alguém falava do quanto era bonita a natureza, com suas flores, a ação do sol e do vento. E assim foi a conversa.

Pela primeira vez, eu me dei conta de que o auditório se localizava bem no meio de uma natureza exuberante, e era um absurdo não ter reparado nisso antes. Um local rodeado de plantas, flores e pássaros. Sentia-me inserido na natureza. Só então reparei que as paredes eram feitas de um material transparente. Elas escureciam ou se tornavam transparentes conforme a vontade dos professores.

Depois de todos os relatos, Ícaro perguntou:

— E a vida interior, por que ninguém aqui pensou em observar?

Acredito que todos ali tenhamos pensado ao mesmo tempo: — "É mesmo, não observamos o espaço interno".

— Pedi a vocês que observassem a vida, e só olharam para fora porque tirei o véu que separa nosso auditório do espaço externo. Mas não é importante ver o todo? A vida é apenas a expressão exterior? Ela abrange tudo, tanto o exterior como o interno.

Bem, eu já tinha dificuldade de olhar para dentro de olhos fechados, imagine só de olhos abertos, e no meio daquela paisagem exuberante. Mas Ícaro parecia ler cada um de nossos pensamentos.

— Pelos sentidos físicos, vemos a vida na sua expressão exterior; e pela consciência, que se constitui nos olhos da alma, olhamos a vida íntima. Essas duas facetas se completam, pois, se reagimos ao que acontece fora, deveríamos também reagir ao que acontece dentro de nós.

A ignorância, por exemplo, indiferente do grau em que ela se apresenta, é um dos grandes males que influencia todos os seres. Quando encarnados, temos mais percepção dos acontecimentos externos em relação aos aspectos internos. E, se as ocorrências exteriores causam tantos problemas, imaginem quantos devem ter origem no simples fato de não termos percepção do que acontece em nossa intimidade.

Pela observação ampla que captam a perceptiva exterior e a interna, conjugados, começamos a diminuir a obscuridade.

O principal aprendizado que devemos buscar é o estudo do próprio ser em comunhão com a vida num todo.

Um dos problemas que acontecem quando fazemos um trabalho neste sentido é que o realizamos através da análise, da avaliação pela mente. E, assim, julgamos, comparamos, culpamos e sentimos culpa. Nesse processo, elaboramos resistências diversas, apoiados em aspectos de uma defesa psicológica, caindo na justificação ou na violência, numa forma de sobrevivência.

Desenvolver uma percepção clara é transformar, sem lutas, todos os aspectos de nossa natureza íntima e atuar na mudança exterior, consolidando o ensino deste versículo.

Ícaro apontou para o painel e, imediatamente, as paredes se escureceram, e apareceu a frase bem no meio dele, para que todos lêssemos: "[...] *e os seus olhos como chama de fogo.*"

Ícaro fez uma pausa para que pudéssemos criar as conexões necessárias e continuou:

— No aprendizado vivo que a existência nos propõe, agem tanto as forças ativas que trazemos quanto as que estão fora. Uma percepção desdobrada engloba ambas. Assim, colocamos cada coisa no seu devido lugar, utilizando as funções de cada objeto exatamente para o que servem, e para o que não servem. Por exemplo, o carro tem a finalidade de nos deslocar de um lugar ao outro e não é um símbolo de projeção pessoal como a maioria considera.

A consciência será a característica mais importante para a regeneração, pois apocalipse não é outra coisa senão esse despertar em si.

Ícaro fez outra pausa, já indicando que iria finalizar a aula do dia. Encarou cada um e disse:

— Estamos sempre a nos preocupar com o conhecimento daquilo que está lá fora. Isso ocorre por interesses diversos e por condicionamentos do passado que geram uma valorização personalista como, por exemplo, a de nos tornarmos sábios aos olhos dos outros, o que, por sua vez, eleva-nos a uma condição de veneração distorcida. Quando buscamos, desordenadamente, a conquista do poder e do dinheiro, distorcemos os claros objetivos de uma educação espiritual.

O próprio conhecimento espiritual tem sido instrumento de distorções, tanto na sustentação de nossa vaidade e presunção perante as pessoas quanto para alimentar uma postura infantil de falsa condição de proteção espiritual, que, na verdade, não existe na forma que idealizamos.

Para finalizar a minha fala de hoje, fiquem atentos às intenções por trás do que fazem, para perceberem que tipo de energia sustenta seus interesses. O que pode parecer luz, na verdade, é treva, pois esta inconsciência foi descrita no Evangelho de Jesus.

Uma outra frase surgiu no painel, com letras cursivas, e dizia: *Vê, pois, que a luz que em ti há não sejam trevas.*[17]

— O trabalho silencioso de conscientização é a chama transformadora da mente. É por meio dele que começa a libertação das distorções que alimentam nossas perturbações, e sem as quais poderemos realmente nos sustentar na nossa real natureza: o espírito.

17 Lucas 11:35.

15

A morte do passado

"E os seus pés, semelhantes a latão reluzente, como
se tivessem sido refinados numa fornalha, [...]."

APOCALIPSE 1:15

Naquele novo dia, confesso que me encontrava um pouco cansado, provavelmente pelo trabalho realizado na parte da manhã. Mas eu havia me imposto a participação no curso e sentia a firmeza em mim mesmo de que não iria desistir, como havia feito das outras vezes.

Ao mesmo tempo, estava muito feliz, porque Ícaro era motivação e inspiração para mim.

Ele começou o tema do dia com a seguinte observação:

— Nosso passado espiritual está vivo em nós, formando um centro de energias nas camadas do subconsciente. Elas são emoções e sentimentos que se expressam na forma de reações instintivas e automáticas e são a base de nossas ações.

No processo do autoconhecimento, devemos observar a ação dessas forças no tempo-espaço, que são os parâmetros da realidade material e que nos acompanham no movimento das vidas sucessivas. Aliás, as emoções já são desenvolvidas a partir do reino animal.

Se observarmos o processo de reencarnação, não são os corpos físicos e os nomes que se conservam, mas o conteúdo vivo energético acumulado. Até agora, a raiva, a mágoa, a tristeza, a ansiedade e outras tantas emoções são o que mais se destacam nas tendências que possuímos nas diversas existências pelas quais passamos.

Se, em nossa gênese, éramos seres animalizados, essas forças atuavam apenas no comportamento físico. No atual estágio do espírito no reino humano, elas se expandem através de outros canais de manifestação que o homem tem, que são os pensamentos, as palavras e as ações.

Muitos textos dos livros sagrados têm usado as partes do corpo para simbolizarem esses campos de expansão. Por exemplo, a cabeça como sendo centro da razão, dos pensamentos; as mãos como os núcleos de manipulação e criação. Mas, em se tratando da caminhada desenvolvida até agora, certamente poderemos representar a jornada evolutiva pelos pés, o veículo de caminhada.

Assim, trabalharemos com esse veículo, direcionando-o para o bem, terminando sua ação inconsciente e, assim, retratando o versículo do texto apocalíptico.

Ícaro, caminhando lentamente pelo palco, apontou a frase no painel: *E os seus pés, semelhantes a latão reluzente, como se tivessem sido refinados numa fornalha, {...}.*

— No fogo das transformações das experiências múltiplas, despertamos nossa consciência pelo autoconhecimento. Nesse despertar, o material bruto e animalizado, que está no fundo da subconsciência, é transformado pelo espírito, sintonizando-o com Deus. O espírito é refinado pela claridade interior, por meio da fornalha da inteligência renovada que reflete a capacidade criadora, que é sempre plena de manifestação.

Ícaro fez sua pausa habitual, dando sempre aquele intervalo para refletirmos

No final da aula, enquanto nos dirigíamos à biblioteca, algo que eu sempre fazia habitualmente, percebi que Ícaro, vindo em minha direção, fez um gesto para que eu o esperasse.

Fiquei impressionado, porque ele raramente falara comigo nos últimos dias, mas veio até mim com o sorriso e a cordialidade de sempre.

— Filho – disse, colocando a mãos em meus ombros –, está gostando do curso?

— Mas é claro que sim, mestre – respondi contente, andando ao seu lado. – Estou acordando cedo para não deixar de fazer as tarefas que me foram oferecidas. Tenho tentado fazer os exercícios à noite e, à tarde, *cá* estou.

— Filho, sei que para muitos o trabalho e as atividades em geral são desgastantes. Na maioria das vezes, esgotam-nos energeticamente, mas posso lhe pedir uma coisa?

— Mas é claro que sim! – respondi convicto e, ao mesmo tempo, curioso. – Peça o que quiser. Ouvi-lo é uma honra para mim.

— Na verdade, tenho dois pedidos a fazer. Primeiro, gostaria de convidá-lo a se sentar mais perto de mim durante as aulas. Tenho sentido que quer me dizer algo, fazer questionamentos, mas que talvez não o faça por se sentar lá atrás, entende? Você é da turma dos fundos?

Eu ri. A turma dos fundos era conhecida por não participar das aulas ativamente e por usar os créditos da participação para acessar outros espaços da colônia. Por exemplo, eu amava a biblioteca da colônia, e talvez tivesse aceitado participar do curso apenas para ter acesso a ela.

Fiquei pensando se Ícaro tinha razão, mas preferi, naquele momento, ficar quieto e ouvi-lo. Iria fazer aquilo que ele havia me ensinado. Em vez de responder aos meus sentimentos de forma instintiva, eu ia, antes, pensar sobre eles.

— Em segundo lugar – finalizou ele –, agradeço que não tenha desistido das minhas aulas, como me foi relatado que fizera das outras vezes. Sinto-me valorizado com sua presença.

— Claro, Ícaro. Se faço isso é porque suas aulas são realmente muito boas! Confesso que não tinha muita paciência, mas estou me surpreendendo.

— Sim. Eu lhe agradeço o elogio e o aceito sem vaidade. Mas quero que venha às aulas não porque elas são boas ou porque goste de mim, mas, sim, que pense em você, em como todos esses ensinamentos podem ajudá-lo em seu processo de autoconhecimento. Entende o que estou tentando lhe dizer?"

Fiquei em silêncio, tentando compreender suas palavras. E ele arrematou:

— Quero que faça isso por você!

E saiu caminhando e conversando com os demais internos.

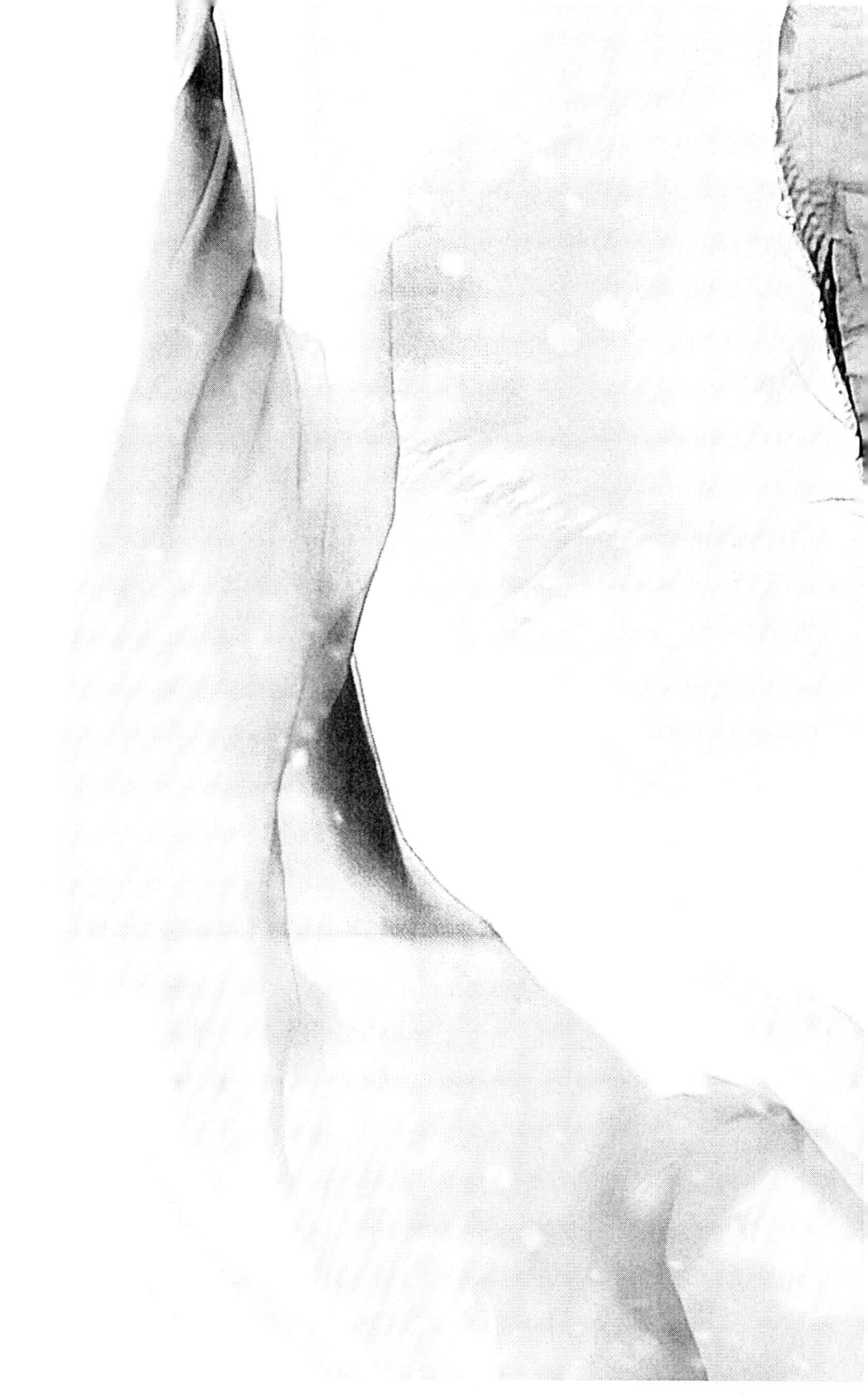

16

Além das vidas sucessivas

De fato, muitas vezes em minha vida, eu fizera coisas não porque as considerava importantes para o meu aprendizado e vivência, mas porque, em muitos momentos, queria agradar aos outros. Nesta colônia, pela primeira vez, portanto, iria até o fim do curso. Faria isso por mim, porque, como Ícaro havia nos ensinado, a transformação está dentro da gente, e não fora.

Naquele dia, Ícaro, explorando conosco o versículo 15, escrito no painel, disse-nos:

— Temos um modo essencial de ser e de viver, que é o nosso jeito pessoal de expressar o verbo da criação divina. Ele se tornará pleno e verdadeiro quando nascer espontaneamente da fonte real do espírito.

As reencarnações desenvolvem o nosso potencial pela aquisição de valores, mas esse processo vivo de aprendizado servirá para limpar as sujeiras corporificadas como marcas do passado.

No momento em que as reencarnações deixam de ter o objetivo de aquisição e passam a ter o de purificação das emoções em sentimentos, dos pensamentos rasteiros em elevados vamos limpando os núcleos energéticos distorcidos, estamos em regeneração e nos aproximamos da realidade espiritual pura numa caminhada nas linhas retas da evolução. Nesta condição desperta, expressaremos elevação e grandeza: *e a sua voz.* Nossas manifestações serão *como a voz de muitas águas.* – voz de quem viveu muitas encarnações e tornou-se um espírito velho.

Podemos observar que as almas elevadas são aquelas que apresentam uma condição de menor necessidade de voltar a ter muitas reencarnações.

Quando foi batizado por João Batista, Jesus entrou e saiu depressa do rio, pois seu espírito não necessitava mais das experiências educativas necessárias às almas novas. Jesus é um missionário que nasceu junto de espíritos como os nossos para dar exemplos e lançar bases educativas sobre a ignorância, despertando valores adormecidos.

A maioria dos espíritos ligados à Terra estão nas condições de espíritos infantis ou juvenis, necessitando de muitas águas para o desenvolvimento das capacidades essenciais. As múltiplas reencarnações têm como objetivo despertar a sensibilidade para a justiça, utilizando a lei de causa e efeito e o desdobramento do amor em relação a si mesmo e ao próximo.

Jesus foi verbo da criação divina, cocriador do planeta Terra. Suas expressões na vida humana são uma melodia de beleza e elevação, retratando a realidade do espírito puro. Identificamo-nos mais com a palavra de Deus em sua feição teórica. Aí está a diferença entre a palavra de Deus, que representa a teoria, o conhecimento, o saber superficial, e o verbo, que significa vivência, sentimento.

Já agradecendo a vocês por me ouvirem e finalizando a aula de hoje, meus caros pupilos, reforço: saímos da condição de palavra de Deus pelo anseio de crescimento, para o verbo da criação na expressão viva da verdade. Assim, aproximamo--nos de nossa real condição – espíritos.

Ícaro nos olhou silenciosamente para verificar se tínhamos alguma dúvida e pediu:

— Quero propor o seguinte exercício a todos. Vamos aproveitar o final da aula e perceber um sentimento que está nos afetando neste momento. Em seguida, observemos esse sentimento e percebamos suas características.

Vou sair agora, para deixá-los com os seus sentimentos.

O reto falar

"[...] e da sua boca saía uma aguda espada de
dois fios; [...]."

APOCALIPSE 1:16

Estava a pensar se Ícaro iria iniciar a aula falando do exercício prático anterior. Minha curiosidade era saber qual fora o sentimento que mais aparecera na observação de cada um, mas Ícaro começou o encontro com a seguinte pergunta:

— A fala é importante em nossa vida?

Ninguém se prontificou a responder, pois parecia uma pergunta retórica.

— O aprendizado que realizaremos hoje é sobre o ato de falar — disse apontando para a frase escrita no painel.

A fala é uma faculdade criadora. A disciplina no seu uso nos ajuda a acertar e a não nos complicarmos nas existências futuras ao utilizá-la. A purificação dessa forma de expressão tem como objetivo proporcionar vida, e não a morte em sua expressão: *e da sua boca saía uma aguda espada de dois fios*. Na educação da fala, um dos dois fios dessa espada não existirá mais: a que sai de nós na direção do outro de forma afiada.

Imaginem quando a fala for só a expressão viva de seres mais elevados, seja ela manifestada na forma oral, seja na escrita! Ela irá demonstrar a beleza de quem sabe dialogar como uma verdadeira arte, expressando o verbo da criação divina.

A inconsciência de nossa fala é tão grande quanto a de nosso pensar e agir. A luta da educação desse canal tem sido grande, uma vez que devemos tentar refletir a fala silenciosa de Deus, que, ativa e viva, expressa-se por todo o universo.

A disciplina será um remédio preventivo, usado para refrearmos a fala desorientada, um dos dois fios dessa ferramenta de expressão. A educação da fala, no aspecto interior, será desenvolvida no ato de nos silenciarmos mais do que falarmos. A fala é uma ação automática, uma produção viva e instantânea. Dessa forma, só conseguiremos mudar a fala se mudarmos quem somos.

Uma das formas de percebermos quem somos está ligada à nossa fala. Esse autoconceito não depende do que os outros dizem daquilo que verbalizamos, mas sim de uma percepção própria da forma como utilizamos esse canal. Quando temos consciência dos absurdos que falamos, modificamos a expressão verbal, começando a nos tornar o produtor de equilíbrio e de beleza.

O reto falar é filho de quem se conhece por meio do mecanismo de autodescobrimento, enfraquecendo o automatismo que dirige as comunicações. Dessa forma, nossa fala um dia ultrapassará as linhas demarcadas por aqueles que ainda vão alcançar o *Seja, porém, o vosso falar: Sim, sim; Não, não; porque o que passa disto é de procedência maligna*.[18]

À medida que conseguirmos melhorar nossa capacidade criadora, refletiremos com mais expressividade o Cristo e a grandeza do Pai.

18 Mateus 5:37.

A perda das personalidades

"[...] e o seu rosto era como o sol, quando na sua força resplandece."

APOCALIPSE 1:16

Tentando nos fazer compreender o versículo 16, Ícaro falou:

— A força e o poder pessoal nas condições humanas estão ligados à necessidade de sustentarmos imagens diante das pessoas, modelando vários comportamentos na tentativa de agradar àqueles que nos rodeiam. Temos máscaras para cada ocasião, pessoa ou situação, procurando por respeito, amor e valorização, porque, no fundo, não sabemos quem somos realmente.

Mesmo agora, quando demonstramos ter alguns valores de elevação espiritual, ainda não somos o que deveríamos ser – um espírito puro. Nessa postura de grandeza exterior, apagamos o ser verdadeiro. *Vê, pois, que a luz que em ti há não sejam trevas.*[19]

19 Lucas 11:35.

Ícaro deu um tempo para que observássemos melhor a frase que havia no painel e continuou:

— Mas observemos outro detalhe. Vamos imaginar um círculo de emoções. Agora, passemos a observar o rosto um dos outros. Vou pedir que expressem na fisionomia as emoções que eu disser. Raiva. Inveja. Tristeza. Está bem?

Então, fizemos o que ele nos solicitou. Ficamos nos observando e tentando demonstrar aquelas emoções. E foi muito engraçado, porque rimos muito com as caras uns dos outros, com as caretas feitas.

— Cada emoção – disse Ícaro – produz carantonhas que lhe dizem respeito, não é isso mesmo?

Se for a raiva, o rosto transfigura-se; se for medo ou ciúmes, também observaremos os detalhes de sua mutação; assim, podemos afirmar que o rosto é o reflexo das forças que predominam em nós, já que ele é o espelho da alma. Provavelmente, se pudéssemos observar energeticamente as próprias atitudes, veríamos que nossas irradiações não são as mais belas e agradáveis.

Somente o espírito em sua condição mais pura é detentor de uma energia natural e viva para retratar a beleza que está em todo o universo. Quando essa energia for predominante, mostrará a expressão de João Evangelista, que escreveu: *e o seu rosto era como o sol, quando na sua força resplandece.*

Muitas obras descrevem Jesus com um olhar profundo, sereno e, ao mesmo tempo, irradiante. Quando lemos algo assim, tentamos repetir-lhe a face, utilizando os recursos do conhecimento para projetar essa mesma característica nas ações, mas não conseguimos demonstrar o que realmente não somos. Assim, esse olhar do Cristo que expressamos é superficial.

E, se perguntarmos aos outros se temos esse mesmo olhar de Jesus, com certeza as pessoas perceberão que ainda somos bastante humanizados e que, na maioria das vezes, mostramos mais as nossas perturbações.

Para se ter um olhar de profundidade e serenidade como o de Jesus, devemos manifestar essas qualidades como emanações perfumadas do espírito em sua expressão natural.

Agora, faremos o seguinte: quando estiverem em seus aposentos, olhem para o espelho e façam as mesmas caretas apresentadas aqui, simulando os sentimentos já mencionados.

Se aprendermos a identificar, dentro de nós, esses sentimentos, poderemos nos candidatar aos próximos passos no processo de autoconhecimento.

Na saída da aula, cada um de nós ganhou um espelhinho pequeno e redondo. Ícaro disse que era apenas para servir de lembrete de que o espelho mais impotente são as relações com todos e com tudo, quando precisamos estar atentos para saber quem somos.

Vida e morte

"E o que vivo e fui morto, mas eis aqui estou
vivo para todo o sempre. [...]"

APOCALIPSE 1:18

Enquanto Ícaro não iniciava sua fala, o versículo foi escrito no painel para refletirmos.

Ficamos calados, esperando que Ícaro pudesse falar alguma coisa para iniciarmos a discussão, mas ele levou um pouco mais de tempo, porque conversava com a dirigente da escola. Intuitivamente, talvez, sabíamos que o silêncio era uma prece. Então, deixávamos o "converseiro" do lado de fora e, quando entrávamos no auditório, a maioria preferia não falar nada ou falar em voz baixa.

Ícaro começou as reflexões do dia com as seguintes palavras:

— Muitas vezes, para se sentirem vivas e demonstrarem satisfação, as pessoas precisam sentir fortes emoções, prazeres, desafios e muitos estímulos excitantes.

E, até mesmo, falar um palavrão, que é algo considerado pelas pessoas como a expressão de uma personalidade forte, mas que, na verdade, é a abertura para obscurecer a possibilidade criativa da fala.

Esses estímulos são outros pontos que se associam à vida e à saúde. Na maioria das vezes, o que fazemos nos leva para a doença e para o desequilíbrio fisiológico-espiritual, por meio da maneira como nos alimentamos, na forma como arriscamos as existências, em como nos relacionamos com as outras pessoas, no uso de bebidas ou drogas, na condução irresponsável de um automóvel ou, em outras palavras, em quase tudo o que fazemos.

Pela manhã, muitos abrem os olhos, respiram, levantam-se, percebem que estão vivos, mas se limitam a simplesmente existir. Muitos sofrem com emoções perturbadas, como a depressão, a ansiedade, e são verdadeiros mortos-vivos.

Interrompendo o que dizia, Ícaro percorreu a sala com os olhos, como a estudar o rosto de cada um e, para surpresa de todos, perguntou:

— A propósito, vocês se olharam no espelho?

— Sim! – dissemos todos juntos, e parecia até que havíamos treinado para isso.

— E o que sentiram?

Rimos ao nos lembrarmos da situação e trocamos comentários paralelos. Como se já esperasse por essa reação, Ícaro seguiu em frente com a aula:

— A Doutrina Espírita, meus caros alunos, tem revelado aos homens a vida após a morte, mas a condição da maioria dos desencarnados é a de verdadeiros zumbis. A morte da consciência predomina entre eles.

Muitos se perguntam qual o significado da vida e o porquê da morte. Não compreendem os fenômenos que, muitas vezes, afligem nosso coração.

A imortalidade, em seu fundamento real, ainda está longe de ser entendida pela maioria, mesmo entre aqueles que se encontram no plano espiritual. Somente quando nos sentirmos como espíritos imortais e em paz íntima, é que saberemos identificar essa realidade em seu contexto verdadeiro.

Vocês não acham que a vida, tanto no plano físico quanto no plano espiritual, está ligada ao que sentimos e ao que somos?

Ao que parecia, concordamos com Ícaro, uma vez que balançamos afirmativamente a cabeça.

Ícaro, provavelmente, sentiu isso e continuou a falar:

— Sabemos que ainda temos muitos valores a desenvolver em cada etapa evolutiva, e a sintonia com eles nos proporciona aprendizados e o desenvolvimento de novos comportamentos.

Movimentar-se com consciência, focado nisso, dilata o potencial de inteligência adormecido. Adequar-se naturalmente aos padrões propostos pelas próprias experiências é aproveitar as oportunidades de operar com elas em benefício próprio e de cooperar, com a nossa parte, no concerto da vida ao qual fomos chamados.

À medida que alcançamos novos valores, aqueles que ontem eram sustentadores de nosso movimento existencial ficam limitados diante de desafios mais recentes. Somos convocados a alcançar essas propostas de vida e, se não dermos os passos necessários para essas mudanças, os aspectos despertos do passado poderão se transformar em uma "morte" conforme sua durabilidade dentro da caminhada do espírito.

Para exemplificarmos o que digo, é só observar que, movimentar-se no reino humano, seja aqui no plano espiritual, seja no plano físico, e que fazíamos no reino animal e era considerado como glória e vitória, agora, torna-se pernicioso e perigoso, gerando muitas dores e sofrimentos.

Por exemplo, poderemos ver que a raiva e o medo, que eram aspectos adquiridos no reino animal, para a sobrevivência, revelam-se hoje, em nossas condições humanas, como matrizes de conflitos e dores.

Conforme a percepção que passamos a ter diante do crescimento que a vida nos oferece, e com o despertar da consciência dirigindo-nos à condição de espiritualidade do ser, o que é valor para o homem poderá tornar-se um problema.

O amor familiar é outro claro exemplo das raízes profundas da humanidade e, para os campos da espiritualidade, mostra-se baseado no apego e nas ligações consanguíneas limitadas e restritas a algumas encarnações perante a família universal.

Num momento, o que é vida pode se transformar em morte diante da consciência, principalmente dentro de nós.

As expressões dos valores humanos e suas glórias representam, muitas vezes, a queda de nossos espíritos perante a vida imortal.

No versículo 18, está escrito: – Ícaro apontou para o painel, e uma nova frase apareceu no lugar da anterior: *e o que vivo e fui morto, mas eis aqui estou vivo para todo o sempre.*

— Antes de finalizar – disse Ícaro –, quero dizer que a verdadeira vida nasce da essência do espírito e que somente nessa fonte de inteligência teremos vida, e segundo Jesus: *eu vim para que tenham vida, e a tenham com abundância.*[20]

Viver sob o ponto de vista da imortalidade é abrir-se para a Vida Eterna, fonte refletida da vida que nos sustenta. A morte, em suas bases, está ligada às forças que tentam determinar quem somos em oposição à paz da consciência. Elas são determinadas pelos impulsos do passado ou pelas informações adquiridas dos valores transitórios que os homens dão importância e que deverão se modificar dentro de uma visão mais ampla, pela qual nossos comportamentos e sentimentos nos levarão a níveis inimagináveis de ação em sintonia com o universo e seu Criador.

20 João 10:10.

20

O verdadeiro domínio

"[...] E tenho as chaves da morte e do inferno."

APOCALIPSE 1:18

— Para refletirmos sobre o versículo 18, vamos observar nossa mente – disse Ícaro, apontando para o painel e dando início aos trabalhos do dia.

Quando começarmos a absorver, de modo consciente, o movimento de nossos sentimentos, desenvolveremos a capacidade de fazer com que os elementos formados por nossas lembranças não determinem quem somos. Essas lembranças, automáticas, vêm naturalmente ou não, lembranças intencionais, que desejamos – são a expressão do passado vivo e atuante.

Podemos compreender melhor o tipo de morte que acontece perante a consciência quando nossas ações são contrárias ao bem e agimos seguindo impulsos animalizados, praticando o mal.

Enquanto pensamentos e emoções forem dominados pelos impulsos automáticos do nosso passado, causaremos problemas tanto para nós como para os outros. Isso geralmente ocorre porque não temos consciência de que eles comandam a forma de falarmos e de agirmos. E tudo acontece de forma inconsciente.

Muitas vezes, dizemos: "Falei sem pensar. Fui tomado por um impulso descontrolado". Criamos uma negatividade nos campos da consciência.

Essa morbidez tem as características da culpa e do remorso, da angústia e da depressão, que são considerados estados mentais infernais. A observação promovida pelo autoconhecimento é *a chave* de libertação dessa condição de *morte e do inferno*.

Numa visão materialista, a morte é tudo que se opõe à vida. Tanto no plano físico quanto no espiritual, podemos direcionar essa compreensão para o campo íntimo, uma vez que estabelece condições perturbadoras para a maioria dos espíritos ignorantes, utilitaristas, sensualistas e vaidosos.

Basta observarmos os planos espirituais mais próximos da Terra, que configuram verdadeiros infernos e mantêm vida paralela com os homens encarnados, formando vínculos mentais de difícil controle e trato por parte dos planos elevados que auxiliam a ambos.

É claro que o fenômeno da morte em si faz parte de uma Lei Divina, a Lei de Destruição, que promove a transformação das coisas e das formas e não tem nada de negativo. Ainda não temos condições mentais para compreender a realidade divina que está por trás de Sua ação sábia e que mostra a impermanência das coisas diante da imortalidade.

Eu repito. Muitos de nossos infernos têm nomes, como depressão, angústia, irritação, mágoa, ciúmes, desconfiança, ira e tantos outros estados doentios. Essa lista tem grande sintonia com nossas imperfeições. Se observarmos bem os quadros dos planos inferiores, que estão em todos os lugares próximos da realidade física, constataremos que essas emoções são as que dominam os espíritos que vivem nelas.

O processo de autoconhecimento é o princípio da libertação das forças que nos dominam, uma vez que passamos a não alimentá-las. Antes, acreditávamos que, ao exteriorizá-las, na ação e na expressão falada, estaríamos eliminando-as, como uma catarse, mas mal sabíamos que estávamos alimentando seus núcleos dentro de nós.

A única forma de libertação será pela conscientização da atuação delas enquanto se expressam, sem que ganhem espaço pela fala, pelos comportamentos e pelos pensamentos. Num trabalho mais aprofundado, após percebê-las atuando, podemos canalizá-las por meio de ações, para proporcionar auxílio em benefício próprio e dos outros, aproveitando-as por meio do exercício físico, de uma limpeza de casa etc.

O que importa é que o domínio verdadeiro sobre essas energias não está na retenção ou na luta, mas sim na capacidade de nos tornarmos alertas diante do despertar e da manifestação delas até a sua eliminação natural, quando se expressam com toda a pureza energética e se esvaem sem nos manipular. Assim, passamos a ter autodomínio, no comando do corpo e das faculdades, tornando-as forças criadoras e desenvolvendo nossos potenciais de atuação dentro da vida.

A porta estreita

"Depois destas coisas, olhei, e eis que estava
uma porta aberta no céu; [...]."

APOCALIPSE 4:1

Ao me levantar pela manhã, sempre lia um pouco do livro de João para compreender suas palavras enigmáticas e relacioná-las com o que eu havia aprendido com Ícaro. Naquele dia, o sol brilhava mais tímido. As poucas nuvens no Céu encobriam parte dessa fonte de energia, mas eu me sentia bem por aprender a identificar, dentro de mim, os meus sentimentos. Enquanto me dirigia para o curso, fiquei pensando em quantas lágrimas eu poderia ter evitado se simplesmente fosse mais atento às minhas emoções.

Ao chegar à escola, fiquei parado na entrada, olhando os amigos se dirigirem para o anfiteatro. Estava feliz por identificar que a fonte do meu entusiasmo era o curso.

Assim que iniciou a aula, Ícaro nos pediu que olhássemos para dentro com os olhos fechados.

Ficamos assim por alguns minutos. E, depois de nos solicitar que abríssemos os olhos, começou a falar, apontando para o painel, que agora imprimia o texto em análise:

— Esse versículo 1 representa o olhar para si mesmo, entrar no mundo íntimo e observá-lo pelo mecanismo do autoconhecimento. Essa ação reflete o movimento de passar pela *porta estreita* dos recursos espirituais que estão adormecidos em nós.

No Evangelho, podemos ler o seguinte: *Entrai pela porta estreita, porque larga é a porta, e espaçoso o caminho que conduz à perdição, e muitos são os que entram por ela; e porque estreita é a porta, e apertado o caminho que leva à vida, e poucos há que a encontrem.*[21]

Esse movimento reflete este versículo do Apocalipse: *Depois destas coisas, olhei, e eis que estava uma porta aberta no céu;* que representa o desenvolvimento da consciência auto-observadora, que ultrapassa os movimentos superficiais da realidade material, nos quais a consciência se fixa e se identifica.

Essa atuação mental, característica do uso dos sentidos, busca por satisfação dos prazeres imediatos, seja no plano espiritual, seja no material.

Enquanto nos movimentarmos exclusivamente nos aspectos exteriores, para nos tornarmos felizes, os padrões da felicidade podem se transformar em dores e sofrimentos. Esses interesses foram o início da nossa evolução do passado e permaneceram até agora; entretanto, estamos abrindo uma porta para novos campos de expressão da vida, ensaiando nosso movimento em direção a ela. Eis nosso apocalipse ou o princípio de nossa regeneração.

Tornamo-nos os navegantes que deverão explorar esse novo campo de valores e de potenciais infinitos, os garimpeiros dos tesouros escondidos no terreno do ser.

. . . .
21 Mateus 7:13-14.

Entrar em si mesmo é aceitar o novo desafio de estudar no livro mais importante e sagrado: o que Deus escreveu em cada um.

Por último, meus queridos alunos, o verdadeiro Céu que nos aguarda é a nossa realidade de espírito que somos.

Por ora, é isso, está bem?

Ícaro finalizou a aula com essas palavras e, depois, despediu-se da turma de forma amorosa.

O Reino dos Céus

"E logo fui arrebatado em espírito, e eis que
um trono estava posto no céu, e um assentado
sobre o trono."

APOCALIPSE 4:2

Naquela manhã, nosso aprendizado se voltaria para o reino e o rei. Ícaro nos informou de que todos que ainda não conseguiram atingir o autodomínio buscam dominar as coisas e as pessoas fora de si mesmos, na busca pelo poder. E ainda:

— Esse aspecto é um dos grandes problemas para o espírito humanizado que ainda não sabe quem é.

Acreditamos que dominar é comandar a vida de quem está ao nosso lado, em um cargo, ou nos grupos familiares, de trabalho etc. Nesse processo, temos certeza do que os outros devem fazer. Ambicionamos cargos e funções para mandar, controlar e parecer importantes. Queremos determinar o que deve acontecer nos relacionamentos afetivos e familiares, ter grandes posses e mostrar uma imagem forte à sociedade.

Compreendendo cada um desses aspectos dentro da vida material, vemos que todos eles mantêm a função de administração dos bens e dos recursos para desenvolvermos nossa inteligência espiritual e humana. Nossa mente, que é o conjunto de pensamentos, de emoções e de consequentes reações, tem nos comandado até agora.

Com tempo e dedicação, ampliamos nossa sensibilidade nesse processo de descobrimento interior, quando seremos *arrebatados em espírito,* tornando-nos capazes de impedir que essas forças determinem quem somos, desenvolvendo o domínio próprio para podermos *assentar sobre o trono.*

Enquanto não percebermos o quanto esse milenar campo de nosso passado comanda nossas ações, poderemos dominar tudo por fora, mas ainda permaneceremos presos e obedientes a ele e poderemos afirmar que não temos o verdadeiro *Reino dos* Céus.[22]

Quando passarmos a perceber esse movimento e não formos mais conduzidos por eles em nossa inconsciência, saberemos canalizá-las para o nosso bem e o do outro.

O princípio desse reinado acontece quando formos imediatamente arrebatados em espírito, e eis que um trono estará posto no céu, e um assentado sobre o trono...

Quanto ao exercício proposto no início da aula, percebi que muitos de vocês ficaram em dúvida sobre como identificar os fracassos que tiveram na última encarnação. Então, dividiremos o exercício em duas partes.

Primeiro, vocês identificarão os fracassos na ânsia de poder e na influência que exercem sobre os outros. Em seguida, refletirão no quanto esses aspectos os têm impedido de crescer. Todos concordam?

---

22 Lucas 17:20.

Apocalipse segundo a Espiritualidade

— Sim! – respondemos todos juntos.

Ícaro, então, ausentou-se um pouco da sala, enquanto ficamos ali, contemplando nossa própria vida.

As vidas sucessivas

"E havia diante do trono um como mar de
vidro, semelhante ao cristal. [...]."

APOCALIPSE 4:6

Nossas reflexões naquele dia aconteceram em um departamento específico da colônia espiritual, como uma aula prática.

Ícaro não havia nos avisado da mudança, que foi repentina. Mas ficamos todos surpresos de poder conhecer outras dependências da colônia, que poucos tinham acesso.

A colônia era enorme. Cada rua, cada espaço, era uma descoberta para mim. Apesar de tudo, uma coisa seguia um padrão ali: o perfume. Não daria para explicar, mas aquele aroma tomava conta de cada parte daquele lugar, e era impossível não perceber isso.

O departamento era o de reencarnação, e iríamos fazer um tour pela estrutura daquele setor para nos familiarizarmos com as atividades ali desenvolvidas.

Depois de caminhar um pouco, chegamos a um espaço amplo e aberto, de onde dava para ver quase toda a planície esverdeada que circundava o departamento. Era tudo muito lindo.

Ficamos um tempo aguardando em um pátio até que Ícaro pudesse nos apresentar uma senhora de elevada condição espiritual, e que seria nossa instrutora naquela aula.

— Bom dia! – exclamou ela de modo amoroso. – Sou Marta, serva de vocês para o que precisarem.

Depois de conhecê-la e de passarmos por grande parte de um prédio, instalamo-nos em sala ampla, no formato de um anfiteatro sem cadeiras. Marta nos deu uma aula sobre reencarnação, sua justiça e seu processo de aperfeiçoamento para o espírito imortal.

Num determinado momento, surgiu numa tela disposta em uma das paredes laterais a frase do Apocalipse com o versículo para estudo: *E havia diante do trono um como mar de vidro, semelhante ao cristal.*

E assim disse Marta diretamente para o nosso coração:

— Para atingirmos a perfeição espiritual, devemos consolidar a caminhada pelas múltiplas vidas, até que se torne um *mar de vidro,* no qual nossas vidas sejam tão límpidas e transparentes que não apresentem nenhuma "sujeira". Para que possamos refletir o Criador em sua sabedoria e amor, como refletores brilhantes *semelhante ao cristal.*

Irmão Ícaro me contou da dificuldade de alguns de vocês para acessarem lembranças de outras vidas e, por isso, ele os trouxe aqui.

Enquanto espíritos infantis, apegados aos traços do ego, preocupamo-nos com aspectos superficiais da inteligência, principalmente quando se trata das nossas vidas passadas, quando queremos saber quem fomos, o que fizemos, que reconhecimento tivemos.

A busca com essa finalidade é uma distorção dos objetivos das vidas sucessivas que tivemos e que ainda teremos, pois as reencarnações não têm a finalidade de nos tornar personalidades importantes, celebridades, pessoas poderosas e todas as ilusões das vaidades materiais e humanas; mas, sim, de nos tornamos um com o Pai e com todos, para que o amor se faça.

Existe um período mais difícil no qual a consciência passa pelos ciclos de reencarnações inferiores, também chamado de roda das vidas, quando o ser, não sabendo quem é, preocupa-se na construção de um "eu" que sempre se destaque perante os outros. Esse processo gera sofrimentos quando ele não atinge tais objetivos. Ele fica preso no movimento cíclico da Lei de Causa e Efeito, até que desperta para a sensibilidade e o respeito recíproco entre os seres, cujo fundamento está na lei de justiça.

As reencarnações que eram comumente caracterizadas pelo mar vermelho que Moises atravessou[23], que possuem um aprendizado generalizado, vão se especificando e tornando-se mais profundas, direcionadas para os rios da justiça, marcada na personalidade de João Batista ao batizar no rio Jordão[24].

Marta, que até aquele momento permanecia de pé, sentou-se no chão, e fizemos o mesmo. Depois, retornou a falar:

* * * * * * * * * * * *

23 Êxodos 14:16.

24 Mateus 3:13.

— Peço a vocês que se acomodem, mas deem um espaço para quem está ao lado.

Agora, quero que relaxem, pois hoje buscaremos as lembranças dos fracassos que tivemos em nossa última encarnação.

Se precisarem de ajuda, não façam movimentos bruscos ou barulho para não atrapalhar o irmão ao lado, apenas levantem as mãos, que iremos ajudá-los.

E foi o que fiz, levantei a mão. Eu sabia que não era o único a encontrar dificuldades para realizar os exercícios, mas, no meu caso, creio que tenham sido causadas pela rapidez imposta por mim mesmo em me recuperar delas o mais breve possível. Creio que me impusera um caminho mais rápido do que eu poderia suportar.

Marta se aproximou de mim. Veio até o meu ouvido, segurou minhas mãos e disse baixinho:

— Querido irmão, feche os olhos.

Primeiro, observe o que está sentindo em relação às coisas ao redor. Não fuja do presente. Saiba onde está, o que está fazendo e qual é o seu propósito aqui.

Em seguida, quando se cansar desse movimento, é que deve iniciar a sua busca interior por resposta.

Compreende isso?

Fiz um gesto positivo com a cabeça, e Marta arrematou:

— Não se preocupe se não conseguir hoje, tentaremos outra vez, somente você e eu.

Marta se afastou de mim, e pude sentir o quanto de amor havia naquele espaço.

Depois de muito tempo, Marta nos trouxe de volta, pediu que abríssemos os olhos e disse:

— Irmãos, depois dos movimentos cíclicos das reencarnações iniciais, caminhamos para existências com mais qualidade, pelo resgate no amor e na caridade, representado por Jesus sendo batizado por João, naquele pequeno rio que desagua em lago, como o de Genesaré, no Mar da Galileia, e outros onde Jesus fez curas, até que possamos caminhar sobre as águas como o Mestre fez, na condição de Espírito puro.

No momento em que atingirmos o Reino dos Céus, iremos nos ver *diante do trono um como mar de vidro*, retratando a somatória de nossas experiências nas múltiplas vidas que tivermos.

Se quisermos saber se reencarnaremos mais ou não, basta tentarmos andar sobre as águas. Se afundarmos, como Pedro experimentou quando Jesus o chamou, é que somos espíritos necessitados de reencarnação.

Ampla emoção e alegria nos envolvia diante da experiência do momento. Marta conseguiu tocar profundamente em nossa intimidade. Sentindo que o momento pedia pela continuidade do silêncio, para nossa maior reflexão, ela se despediu brevemente, agradecendo a oportunidade, e fez um gesto para que Ícaro tomasse a frente dos trabalhos.

Ciclos evolutivos

"[...] E havia diante do trono um como mar de vidro, semelhante ao cristal. E no meio do trono, e ao redor do trono, quatro animais cheios de olhos, por diante e por detrás. E o primeiro animal era semelhante a um leão, e o segundo animal semelhante a um bezerro, e tinha o terceiro animal o rosto como de homem, e o quarto animal era semelhante a uma águia voando."

APOCALIPSE 4:6-7

Estávamos do outro lado do pátio, onde Marta havia lecionado sua aula, diante de um quadro pintado como as descrições dos versículos que iríamos trabalhar.

No quadro, havia seres que se pareciam com um leão, um bezerro, um homem e uma águia. Estávamos impressionados com a imagem.

Ícaro parecia observar as nossas reações. Então, sorriu e disse:

— Na verdade, esses seres, citados no livro do Apocalipse, encontram-se em nós.

Existem ciclos evolutivos, dentro dos diversos mundos, para o desenvolvimento da inteligência rudimentar do princípio inteligente. Esses ciclos agem e cumprem a parte que lhes cabe de cooperar com o Criador na criação.

São ciclos que se encontram em movimentação no tempo e no espaço para a base da vida mental dos espíritos e que apresentam uma característica generalizada, aprimorando os corpos que lhes revestem a essência divina.

O mecanismo gera um fundo energético que permanece adormecido, mas potencialmente pronto para ser ativado e atuar de forma decisiva, possibilitando transformação do meio e deles mesmos.

Esses núcleos existem como verdadeiras fontes de energias vivas e automáticas, prontas para agirem e reagirem de conformidade com os acontecimentos que são seus gatilhos, fortalecendo-os no arcabouço da mente, tornando-se a matriz de nossos pensamentos, ações e reações.

Até agora, essa matriz tem agido inconscientemente e de forma determinante, sem que possamos identificá-la, uma ação oculta de nosso centro pessoal, fazendo-nos acreditar que não somos capazes de compreendê-la, o que é comprovado pelo grau de ignorância que temos de nós mesmos.

Quanto mais funda é a manifestação dela, mais primitiva e fortemente ela opera sobre nós. Por meio do autoconhecimento, passamos a observar esse núcleo energético dominando-nos. Ao compreendermos esse complexo mecanismo, acompanharemos os caminhos percorridos por ele, como se caracterizam e suas atuações, catalogando a espécie e a qualidade com que se apresentam.

Ícaro caminhava lentamente pelo recinto, enquanto o acompanhávamos como se fôssemos literalmente turistas.

Observei que Marta já havia se separado do grupo, deixando a cargo de Ícaro nos mostrar o lugar. Era tudo muito bonito e eu estava curioso de saber mais sobre aquele espaço, mas contive-me, já que não poderia interromper a aula.

— Pensem nos quatro seres presentes na analogia apocalíptica como sendo nossos humores e, como fruto deles, os nossos impulsos.

Com essa condição observadora, passaremos a notar que os impulsos estão ligados à nossa animalidade *o primeiro animal era semelhante a um leão,* mais primitivo e, à medida que alcançarmos certa domesticação, passaremos para o segundo grau de forças *e o segundo animal semelhante a um bezerro.* Todos esses são como valores energéticos que estão localizados no nível mais baixo desse fundo mental em nosso subconsciente.

Vemos que, ao nos aproximarmos de um novo andar desse campo energético da mente, iremos identificar condicionamentos mais novos, aqueles desenvolvidos mais recentemente com todo o material adquirido em nossa passagem pelo reino humano *tinha o terceiro animal o rosto como de homem.*

Por meio dos raciocínios, da intelectualidade e dos sentimentos nobres e conscientes, abrimos canais para nos aproximar definitivamente de nossa verdadeira natureza espiritual *e o quarto animal era semelhante a uma águia voando.*

Esses são os caminhos que nos despertam para o domínio próprio. Conseguem perceber a analogia dos quatro seres presentes tanto no livro de João quanto nas passagens que se referem ao profeta Daniel?[25]

Não levem ao pé da letra as mensagens presentes na Bíblia, mas se esforcem para descortinar o sentido oculto que há por trás de cada palavra e relacionem com o que há dentro de si mesmos, pelo autoconhecimento.

Apontando para um espaço que parecia uma praça, Ícaro nos convidou para seguirmos naquela direção.

O dia estava ensolarado, mas as árvores ao redor nos davam uma sensação térmica de quase inverno.

— Se já nos lançamos nas descobertas do espaço exterior, pesquisando a natureza estelar e galáctica, em paralelo, surge a necessidade de fazer o mesmo dentro de nós mesmos.

É quando começamos a alçar os voos em direção ao infinito do universo.

Assim, Ícaro deu por encerradas suas observações e deixou-nos à vontade para que pudéssemos refletir e olhar mais para esse fundo de nossas próprias energias.

Fomos nos espalhando pelo espaço à nossa volta, e ficamos ali, contemplando a natureza e aguardando a continuidade dos estudos.

25 Daniel 7:3-9.

Leis interiores e exteriores

"E vi na destra do que estava assentado sobre o trono um livro escrito por dentro e por fora, selado com sete selos."

APOCALIPSE 5:1

Depois de algum tempo, Ícaro nos reuniu em um confortável canto do pátio, com poltronas e cadeiras, e junto a um painel que refletia o versículo 1 do capítulo 5 do Apocalipse de João, ele nos falou:

— Em *O livro dos espíritos,* Allan Kardec perguntou aos espíritos onde estariam escritas as Leis Divinas.[26]

A resposta, dada por eles, foi clara: na consciência. Apesar de ela estar escrita ali, somos muito inconscientes dessas leis, em condição de tamponamento decorrente da própria imaturidade, refletindo o bem *selado com sete selos.*

— Escrita como? – perguntou um dos alunos.

Ícaro começou a responder dirigindo-se ao aluno que fez o questionamento:

26 *O livro dos espíritos*, questão 621 - Allan Kardec - Editora FEB.

— Quando falamos em Leis Divinas, pensamos que o universo é um grande livro contendo princípios que temos de aprender a ler para agir corretamente. Com o autoconhecimento, teremos acesso a essas leis e iremos, paulatinamente, abrir os selos, que significam vários estados do despertar da consciência. Para tanto, focaremos mais nos cavalheiros e nos cavalos.

Mas esse livro está escrito de uma forma que ainda não compreendemos em sua manifestação real. A vida utiliza-se de todos os aspectos físicos, energéticos, de seres, de símbolos e acontecimentos para retratar seu conteúdo Sagrado do próprio ser, e todo o seu potencial.

Todo esse potencial é reflexo de uma Lei Divina Maior e que, por se encontrar em toda parte, atua de fora para dentro em cada um, tentando despertar o mesmo potencial de dentro para fora, simbolizado no trecho *e vi na destra do que estava assentado sobre o trono um livro escrito por dentro e por fora.*

Vivemos uma época em que cada um deve pesquisar e entender essas escritas, o que nos possibilitará uma vivência em harmonia com elas e em sincronismo com a vontade de Deus.

Quando investigamos as Leis Divinas através de perguntas e respostas, esse processo tem o nome de Filosofia. Se as analisamos nos aspectos materiais e sob a ótica de seus mecanismos funcionais e estruturais, nomeamos essa atividade como Ciência. E, quando as dirigimos para a identificação dos nossos estados essenciais e no relacionamento com o Cosmo, elas se tornam a Religião. De qualquer forma, são as mesmas leis inseridas em tudo. Agora, falta-nos descobri-las em nós por meio da autoinvestigação.

Ícaro inspirou profundamente o ar da natureza ao redor, dizendo:

— Gostaram da aula ao ar livre?

— Sim! – respondemos todos.

— Eu também gostei!

Vamos agradecer a Marta por permitir o acesso a este espaço, e quero terminar nossa aula reforçando que à medida que procuramos o autoconhecimento, começamos a aprender intimamente a ler as Leis Divinas e passamos a descobrir que essas leis tornam-se mais próxima de nossa natureza real, pelo fato de entrarmos em contato com o nosso espírito.

A diferença das escritas humanas, em seus livros jurídicos, ou seja, em seus códigos civis, e das Leis Divinas é que a primeira se prende à forma enquanto a segunda se prende à essência.

Grandes e belos serão os dias em que viveremos como espíritos e nos tornaremos como que uma escrita viva do Pensamento de Deus, a refletir as mesmas linhas que se encontram no exterior, gerando uma orquestra musical que entoará o verdadeiro Louvor.

A música e o ser

"E cantavam um novo cântico, dizendo: Digno és
de tomar o livro, e de abrir os seus selos; [...]."

APOCALIPSE 5:9

Continuando a análise dos versículos seguintes, Ícaro nos lembrou da importância de sermos capazes de ler as Leis Divinas através dos olhos do espírito, ou seja, da consciência desperta. Reiniciou ele:

— Quando Jesus nos chama a atenção para *quem tem ouvidos para ouvir, ouça,*[27] Ele nos convida a utilizarmos outro canal de percepção: nosso ouvido interior. Assim, começamos a escutar todos os sons que nascem de nós mesmos e que se manifestam nas expressões dos sentimentos.

Ao nos abrirmos para a sensibilidade do Artista Divino que instrumentou a vida universal com os elementos vivos de Sua criação, entenderemos que os espíritos, Seus filhos, são os instrumentos de uma orquestra magistral. Essa grande orquestra tem seus acordes em sintonia com o universo. Nessa mesma harmonia, produziremos sons jamais ouvidos pelos humanos.

---

27 Mateus 11:15.

A vida é música, e quem tem ouvidos de ouvir ouve.

Ícaro disse essas palavras com os olhos voltados para o infinito. Respirou fundo, emocionado com as próprias palavras, e depois continuou:

— Jesus deve ter sido, em sua época, um músico extraordinário, que poucos ouvidos e olhos poderiam contemplar e usufruir completamente. Hoje, Suas músicas estão vivas nas páginas do Evangelho.

Quando vivemos com seres que estão mais próximos das suas essências, podemos admirar a beleza do que produzem por dentro.

O princípio inteligente, ao atingir a condição humana, passa a existir como a melodia de maior expressão da Inteligência Divina em comparação com os outros reinos.

Mas, quando reagimos com violência, apego, mágoa ou medo, desafinamos nossos instrumentos. O Criador transmitiu às criaturas instrumentos finos que os homens não têm a menor ideia de como usar para produzir alguma melodia, distorcendo o potencial de criatividade que poderiam gerar.

Todos os que ainda são dominados pelos impulsos de natureza primitiva destoam do ritmo e dos tons que movimentam a existência cósmica. Produzimos sons barulhentos que geram perturbação e distonia.

Descobrir esse potencial artístico é embelezar as existências que nos habilitam para a verdadeira adoração a Deus, transformando-nos em artistas íntegros.

Viver em espírito é abrir-se para uma nova produção das próprias emissões, para vivermos a escrita do versículo do livro Apocalipse, que diz: *e cantavam um novo cântico, dizendo: Digno és de tomar o livro, e de abrir os seus selos.*

A verdadeira vitória

> "E olhei, e eis um cavalo branco; e o que estava
> assentado sobre ele tinha um arco; e foi-lhe
> dada uma coroa, e saiu vitorioso, e para vencer."

APOCALIPSE 6:2

Ícaro nos posicionou em um grande círculo. Pelo que senti, ele queria ficar mais próximo de cada um e, ao mesmo tempo, ensinar-nos de uma forma mais dinâmica.

Ele sempre nos lembrava da importância de refletirmos sobre a nossa força interior e as exteriores que atuam em nós. O foco era o versículo que já se encontrava no painel.

Ícaro iniciou sua fala da seguinte maneira:

— Somos um núcleo de energias que serão acionadas pelo amor que deve nortear nossa vida e que nasce quando estamos em sintonia com o nosso ser essencial.

Até agora, temos focado a nossa busca apenas nos aspectos exteriores, realizando esforços dispendiosos e constantes para impressionar os demais, para sermos notados, referenciados e amados. São atitudes ligadas ao ego que formam persona-lidades transitórias na sustentação das grandezas humanas.

Em nossas reencarnações, trilhamos sempre esses caminhos. Para atender aos contextos dos egos, basta sermos espertos, ter muita intelectualidade, prestígio e protecionismo, comprar o que queremos ou até se vender para cair nas graças da multidão.

Os resultados de artimanhas como essas são os de possuirmos bem-estar material e usufruir dos prazeres que a existência transitória oferece. Como efeito secundário, essas atitudes nos levaram ao desgaste prematuro e abusivo das energias físicas por não saber como usá-las adequadamente.

Não conseguimos compreender que, não importa o que e quanto façamos, rapidamente seremos esquecidos, substituídos, pois esses poderes são muito transitórios, e tem sempre alguém já se movimentando para nos tomar o lugar.

Essas forças atuam em núcleos como o medo, a presunção, a intriga, a perseguição, as artimanhas e as alianças que aparecem em nossa mente quando lutamos para nos manter nesses patamares de vantagens adquiridas, dos quais não queremos largar mão.

Mas não adianta, tudo passa.

O verdadeiro poder que temos e que nos levará ao triunfo que necessitamos alcançar é a vitória sobre o ego.

Influenciados por toda essa realidade, capacitamo-nos para o uso correto de todos os recursos materiais sem sermos levados por eles. O simbolismo que traçamos em paralelo ao versículo é a capacidade de ficarmos sentados no cavalo para conduzi-lo.

No trecho *e o que estava assentado sobre ele tinha um arco; e foi-lhe dada uma coroa, e saiu vitorioso, e para vencer* podemos entender que devemos utilizar o arco de nossas possibilidades diretivas no uso desse núcleo com sabedoria a benefício de nós mesmos. Por exemplo, podemos utilizar o potencial de proatividade da raiva para executar tarefas com maior disposição, contrariando nossas predisposições à preguiça como característica da animalidade. Assim, o arco foca o movimento das flechas, representadas por essas forças, transformando-as em potenciais íntimos e possibilitando, aos poucos, uma vitória sobre nossa animalidade – representada pelo cavalo. A cor branca é a síntese de todas as cores e representa a pureza do espírito.

Na nossa atual condição, ainda sustentamos os coloridos das ilusões, alimentando fatores superficiais que imprimem a falsa posição dos valores transitórios. Venceremos o domínio dessas emoções para alcançar a vitalidade representada pela pureza da cor branca.

Serenidade

> "E saiu outro cavalo, vermelho; e ao que estava assentado sobre ele foi dado que tirasse a paz da terra, e que se matassem uns aos outros; e foi-lhe dada uma grande espada."
>
> **APOCALIPSE 6:4**

Na aula seguinte, Ícaro falava a respeito do segundo cavaleiro, citado no livro do Apocalipse:

— Precisamos comandar as coisas. Ao descobrirmos quem realmente somos, desenvolveremos a possibilidade de autodomínio. Ao nos assentarmos sobre os impulsos animalizados, relacionados a *estava assentado sobre ele,* determinaremos a limpeza das forças de nosso passado, libertando-nos delas e direcionando-as para finalidades úteis.

A fala de Ícaro me despertou o desejo de ir até a biblioteca e pesquisar um pouco mais sobre os cavaleiros e suas cores. Antes, porém, decidi prestar muita atenção no que ele explicava:

— Os condicionamentos do passado têm determinado nossas ações e reações e, em nossa inconsciência, não as percebemos quando agem, nem como fazem isso, devido à sutileza com que atuam.

Se as ilusões são as referências do prazer de viver, também são as causas de sofrimentos e se caracterizam como uma faca de dois gumes.

A perturbação que as ilusões geram é o preço pago pelas situações que buscamos. Pela ausência da natureza espiritual profunda, agimos como se estivéssemos em paz, mas o tempo todo nos escondemos nos altos e baixos dos conflitos íntimos e do sofrimento.

— E como reverter isso tudo? – perguntei, desejoso de colocar em prática o ensinamento.

— O primeiro passo é vencer o desafio de montarmos sobre esse *cavalo* simbólico, citado no livro. Depois de perceber as artimanhas energéticas que são usadas pelos pensamentos e emoções, podemos torná-los passivos diante do nosso comando e, assim, utilizá-los para o bem.

O efeito de não sermos mais controlados por eles é o de abrir a possibilidade de nos sentirmos mais tranquilos dentro da existência e de vivermos numa condição natural do espírito. Quando observarmos a realidade de estarmos serenos em nossa intimidade, veremos que esse estado que parece nascer já é preexistente e permanecerá refletindo um estado único do universo.

Jesus constantemente nos dizia: *{...}, a minha paz vos dou;* não *vo-la dou como o mundo a dá. {...}*[28]

Por ser um espírito puro e sereno, Ele nos convida para vivermos nessa mesma condição, pois qualquer um poderá

28 João 14:27

Apocalipse segundo a Espiritualidade

alcançá-lo. É como se assim cumprisse a profecia de João *e saiu outro cavalo, vermelho; e ao que estava assentado sobre ele foi dado que tirasse a paz da terra, e que se matassem uns aos outros; e foi-lhe dada uma grande espada.*

Após todos lermos, com atenção, o enunciado no painel, Ícaro finalizou:

— A cor vermelha é um símbolo usado para caracterizar a paixão, as sensações fortes e os prazeres da vida. Características essas que têm sido a finalidade de existirmos.

Este versículo simboliza que estamos sendo conduzidos pelos desejos que nascem dessas experiências. Em vez de conduzirmos o cavalo, é ele que determina nossa direção no viver.

Enquanto não assentarmos sobre ele e não o dominarmos com sabedoria, ficaremos sujeitos a todos os efeitos negativos de seu comando e de suas transitórias expressões de felicidade.

Os homens que fomos no passado terão de morrer para que o cristo – espírito puro – surja. Eles são expressões transitórias da viagem espiritual e morrerão. Só o espírito viverá.

Agora, vamos descansar um pouco. Na volta do intervalo, falaremos do próximo versículo.

A verdadeira justiça

"E, havendo aberto o terceiro selo, ouvi dizer ao terceiro animal: Vem, e vê. E olhei, e eis um cavalo preto e o que sobre ele estava assentado tinha uma balança na mão."

APOCALIPSE 6:5

Durante o intervalo da aula, Ícaro me perguntou se eu estava gostando do aprendizado.

— Mestre, há tempos venho fazendo os exercícios que o senhor nos orientou, mas com certa dificuldade. Hoje, porém, durante a aula, tive acesso à lembrança de uma de minhas vidas passadas.

Peço desculpas, mestre, mas não pude deixar de anotá-la. Senão, poderia me esquecer.

— Sim, claro – respondeu ele. Na verdade, fico contente que tenha acessado esse conteúdo. Isso faz parte do seu autoconhecimento. Mas já parou para pensar no que sentiu sobre isso.

— Ainda não. Mas farei isso mais tarde, quando chegar em meu quarto.

— Está bem – concordou Ícaro de modo amável. – Se precisar de mim, é só chamar, está bem?

Fiz um gesto afirmativo, e Ícaro disse, acompanhando-me:

— Vamos voltar para a sala?

Nossas reflexões continuaram tarde adentro, para que pudéssemos compreender cada vez melhor o simbolismo que havia nos cavaleiros citados no Apocalipse.

— Começamos a perceber que somos todos iguais, pois somos espíritos, filhos do Criador – voltou a dizer Ícaro.

Despertos para a dinâmica de nos relacionarmos profundamente com nossa realidade interior, o corpo e o nome são símbolos necessários, porém transitórios. São oportunidades de uso da nossa inteligência no amplo campo das existências humanas, pela vasta gama de reencarnações que nos auxiliam a desdobrar o potencial divino que trazemos.

Quando, ao contrário, identificamo-nos e acreditamos que somos o corpo, o nome, os papéis, a nacionalidade e outras atividades que desempenhamos, embarcamos nos efeitos ilusórios que esse estado nos propõe. E vemos o outro pela cor da pele, pela diferença de raça, cultura e religião. Tiramos conclusões precipitadas de que somos diferentes e, conforme o poder que temos ou que o outro tem, passamos a nos sentir inferiores ou superiores, importantes ou sem valor, alimentamos uma distorção de quem realmente somos. A guerra e as lutas humanas estão baseadas nessa deturpação.

A ignorância é o símbolo da escuridão, e sua cor simbólica é o preto, o que não tem nada a ver com etnia ou raça.

Claridade simboliza consciência; obscuridade e sombra simbolizam a ignorância.

Nessa dinâmica, a maior inconsciência que temos não está relacionada ao outro, mas sim ao quanto ignoramos a nós mesmos, o que reflete diretamente no modo como vemos nossos semelhantes, como nos diz o trecho *E olhei, e eis um cavalo preto e o que sobre ele estava assentado*. Enquanto caminharmos em trevas ou influenciados pelas sombras que trazemos, nossas ações e desejos serão direcionados pelo interesse pessoal.

É necessário o encontro com o ser, e não com as coisas superficiais que o acompanham, bem como com o acúmulo de informações distorcidas e precipitadas. Só assim poderemos dilatar a visão essencial e descobrir quem somos e quem o outro é.

Ao mesmo tempo em que nos compreendemos, entenderemos quem é o outro e descobriremos que as diferenças estão mais na superficialidade do que na intimidade; e a justiça e o equilíbrio se farão presentes, vivendo como o que *tinha uma balança na mão*. Esse é o princípio da justiça e do amor.

A partir dessa visão interna, poderemos nos abrir ao amor com o qual trataremos o outro como a nós mesmos e, assim, estabeleceremos naturalmente a verdadeira justiça.

É muito importante que esse processo não seja apenas teórico e que ultrapassemos nossa condição mental e intelectual para tentarmos colocá-lo em prática; esse processo é um método para atingirmos um fim: o autoconhecimento.

A morte que leva à vida

> "E olhei, e eis um cavalo amarelo, e o que
> estava assentado sobre ele tinha por nome
> Morte; e o inferno o seguia; e foi-lhes dado
> poder para matar a quarta parte da terra, com
> espada, e com fome, e com peste, e com as feras
> da terra."
>
> **APOCALIPSE 6:8**

Logo em seguida, Ícaro já iniciou suas reflexões a respeito do último cavaleiro citado no capítulo 6 do livro do Apocalipse. Creio que ele queria terminar esse assunto ainda nesta aula.

— Para iniciar, a cor amarela é símbolo da nossa riqueza interior e da vida em abundância. Sintonizados com a realidade do espírito, grande parte das nossas impressões ilusórias se perderão como dito *e foi-lhes dado poder para matar a quarta parte da terra, com espada.*

Na descoberta íntima, passamos a observar nosso apego aos conceitos e o quanto somos rígidos nas concepções da verdade. Somos condicionados e reativos, sustentando valores que se tornam falsos quando usados contra o outro em disputas vazias para sermos os donos da verdade.

Durante as múltiplas existências, nos relacionamentos doentios fundamentados na dependência de outras pessoas, as disputas aparecem com uma sensação prazerosa. São circunstâncias que geram valorização pessoal e uma distorcida respeitabilidade em torno de nós por meio dos que são ignorantes ou idealizadores.

Com isso, desenvolvemos uma referência existencial nos valores que vêm de fora e dependemos sempre de estímulos externos para nos sentirmos felizes.

Adquirimos inimigos nos que se opõe às nossas atitudes e nos distanciamos deles.

Além disso, reagimos na maldade, com raiva e toda uma gama de emoções perturbadas que significam a morte do ser, representando *e o que estava assentado sobre ele tinha por nome Morte*. É necessário basear nossa referência no espirito, que é a fonte da vida e da criatividade. Esse encontro é a morte de todas as ilusões pessoais.

— E se não conseguirmos sair dessas ilusões? – perguntei.

— Se não aprendermos que a vida é movimento e transformação – passou a explicar Ícaro, certamente consciente do porquê eu havia perguntado aquilo –, estaremos sempre sustentando o que é passageiro e gerando o inferno íntimo ou exterior conforme *e o inferno o seguia*. O efeito desse apego às ilusões pode manifestar-se na forma de doenças ou vulnerabilidade às pandemias, uma vez que representa um processo de manutenção da perturbação e a constante necessidade de serem atendidas, transformando-nos em verdadeiras feras.

Em seguida, Ícaro se voltou aos demais e arrematou:

— Para que esse tipo de morte represente o ingresso na vida eterna, passaremos por essas mudanças; aceitaremos a impermanência das coisas e das circunstâncias, principalmente materiais, para nos voltarmos aos valores interiores, estes, sim, são permanentes e vivos. Ao nos identificarmos com nossa natureza espiritual, passaremos a perder a materialidade, sutilizando as vestimentas do ser, o que representa *e foi-lhes dado poder para matar a quarta parte da terra.*

Já não precisaremos mais da ilusória busca pelas bajulações, ficando na dependência dos outros; das doenças mentais como efeito do distanciamento do que somos realmente; da subordinação aos condicionamentos primitivos; ainda poderemos apresentar consciência de culpa; das perturbações decorrentes de outras tantas consequências desse movimento insano. Um autêntico processo de *para matar a quarta parte da terra, com espada, e com fome, e com peste, e com as feras da terra.*

Para sermos verdadeiramente ricos, precisamos nos apoiar na realidade viva do espírito, que, no fundo, é o encontro com Deus.

Bom final de tarde a todos, e aproveitem bem a noite!

31

Novas capacidades

"E as estrelas do céu caíram sobre a terra,
como quando a figueira lança de si os
seus figos verdes, [...]."

APOCALIPSE 6:13

Já era um novo dia e, agora, estávamos atentos ao que Ícaro nos ensinava sobre o versículo apresentado no painel.

— Capacidades e desenvolvimento de maior qualidade de inteligência espiritual é o que espera aqueles que entrarem pela porta estreita, em períodos de transição e com a abertura de novos padrões evolutivos.

O autoconhecimento nos proporciona o movimento consciente de regeneração, quando nos tira das tendências primitivas do passado que tentam nos dominar. Com a perspectiva de crescimento a partir do mundo de regeneração, criamos possibilidades para que novos recursos de inteligência essencial sejam despertados, inteligência essa jamais imaginada por nós e que possuímos como herança divina.

Todos esses valores estão aguardando para serem explorados, desenvolvidos e usados. Dessa forma, descobriremos as belezas da vida e todo o seu encantamento transformador que nos toca por fora, quanto repercute por dentro, numa perfeita sinfonia; a mesma Música Divina que envolve o universo e, o que é mais importante, aproxima-nos do princípio do amor e do próprio Criador.

Quantas luzes refletiremos nesse crescimento equilibrado e harmônico, despertado nos valores do espírito a caminho de sua plenitude! Quando nos identificamos exclusivamente com a realidade material, sem valores espirituais, dentro de uma dinâmica de queda, acabamos por apagar a luz que há em nós. Mesmo assim, conseguimos realizar muitas coisas boas. O que será quando esse movimento for o de subida, que se inicia com a regeneração?

Ícaro fez uma pausa para que refletíssemos sobre essas questões. Bebeu um pouco de sua água e apontou para um trecho da frase que aparecia no painel:

— Jesus disse: *Assim resplandeça a vossa luz diante dos homens, [...]*.[29]

Tanto para conquistas exteriores, como a tecnologia, a saúde, a beleza, o gosto, quanto para potenciais de natureza interior, que são novos aspectos de percepção, capacidades e poderes. Eles se encontrarão abertos para novos ângulos e níveis de expressão; como retratado no *e as estrelas do céu caíram sobre a terra, como quando a figueira lança de si os seus figos verdes.*

O vento forte das lutas retificadoras e regeneradoras proporcionará o surgimento das novas possibilidades. O reflexo vivo desse estado é a claridade que nasce de nossas inteligências profundas. Tanto como o sopro renovador pelo *vento forte*, que representa as forças espirituais de nós mesmos,

29 Mateus 5:16.

a balançar *a figueira* de nossas plantações anteriores, onde deixaremos cair *seus figos verdes* como frutos superficiais das virtudes que julgamos ter, recursos imaturos que precisam de desenvolvimento, aguardando o tempo certo para amadurecer.

Aí perderemos nossa imaturidade e nossas ilusões e deixaremos para trás o histórico do nosso passado existencial no nosso movimento ascensional para Deus.

Todo esse momento representará a chegada, na Terra, de luminares da Espiritualidade Maior e de irmãos de outros mundos, em condições superiores, que nascerão na Terra para auxiliar no desenvolvimento dos espíritos terrenos, em seu processo de despertar espiritual, numa mudança de geração de espíritos que irão viver nela.

Assim que voltarmos do intervalo, estudaremos o versículo 7:1.

32

Novos troncos de raças

"E depois destas coisas vi quatro anjos que
estavam sobre os quatro cantos da terra,
retendo os quatro ventos da terra, para que
nenhum vento soprasse sobre a terra, nem
sobre o mar, nem contra árvore alguma."

APOCALIPSE 7:1

Após os dois primeiros meses, progredíamos para um melhor entendimento sobre o apocalipse, seus símbolos e significados. Eu estava satisfeito com isso. Muito mais do que ter acesso a acontecimentos de ordem exterior, a oportunidade nos convidava a refletir nas mudanças pessoais.

Ícaro, cada vez mais motivado a nos ensinar, iniciou aquela aula nos dizendo:

— A humanidade recebeu a influência de troncos de raças originados de um dos orbes da estrela binária denominada Capela, bem como de outras partes do universo próximo. Essa enxertia visava tanto o aprimoramento da formação corporal dos naturais da Terra quanto das bases de desenvolvimento técnico e cultural para chegarmos ao homem moderno.

Quando observarmos todas as conquistas que as criaturas terrenas alcançaram, poderemos afirmar, com certeza, que foi graças a esses troncos de raças que povoaram o planeta em seu desenvolvimento inicial e que permitiram a aproximação do fechamento cíclico da atual transição planetária, chamada de final dos tempos.

Os egípcios, os hebreus, os arianos e os hindus[30] estão entre as raças que vieram de outros mundos para o desenvolvimento do planeta Terra, sob a fiscalização amorosa do Cristo. O objetivo dessa vinda foi o despertar dos seres em processo rudimentar de evolução, submetidos ao degredo de seus planetas por estarem em desacordo com as diretrizes do bem. Essas raças nos mostraram as bases da ciência, filosofia e religião, auxiliando o homem primitivo no desenvolvimento interior que necessitava para atingir a maturidade.

Ícaro nos encarou com interesse e perguntou se havíamos assimilado bem o conteúdo, pois iríamos precisar dele nesta parte do curso, e continuou:

— Meus queridos alunos, vamos refletir sobre uma passagem do Evangelho, escrita por Paulo[31], cujas informações de maior destaque foram sublinhadas e trazem algumas informações para melhor entendimento do tema. Leremos os versículos conforme segue na tela.

1 – Digo, pois: Porventura rejeitou Deus o seu povo? De modo nenhum; porque também eu sou israelita, da descendência de Abraão, da tribo de Benjamim.

30 *A caminho da luz*, Capítulo 3, Quatro grandes povos - pelo espírito Emmanuel, psicografado por Chico Xavier - Editora FEB.

31 Romanos 11:1-24.

— O povo ao qual Paulo se refere no versículo são os exilados de Capela. Na verdade, Deus não os rejeitou. Eles mesmos se candidataram ao exílio por seu comportamento contrário ao bem. Quando Paulo fala *porque também eu sou israelita, da descendência de Abraão, da tribo de Benjamim,* está informando que veio de Capela.

2 – *Deus não rejeitou o seu povo, que antes conheceu.{...}*

— Capela passou por uma transição antes, como a que está passando a Terra. Podemos, então, deduzir que o planeta do Sistema de Capela, que passou por essa transição, é mais velho do que a Terra. Por isso, ele afirmou *povo que antes conheceu.*

7 – *Pois quê? O que Israel buscava não o alcançou; mas os eleitos o alcançaram, e os outros foram endurecidos.*

— Este versículo fala dos espíritos que conseguiram permanecer em Capela, *os eleitos,* e outros, os mais *endurecidos*, vieram para a Terra por exílio.

8 – *Como está escrito: Deus lhes deu espírito de profundo sono, olhos para não verem, e ouvidos para não ouvirem, até ao dia de hoje.*

— Os espíritos vindos de Capela, quando vieram para a Terra encontravam-se tamponados em seus potenciais *espírito entorpecido, olhos para não verem, e ouvidos para não ouvirem*. Na época de Paulo, havia ainda muitos capelinos adormecidos.

9 – E Davi diz: Torne-se-lhes a sua mesa em laço, e em armadilha, e em tropeço, por sua retribuição;_

— Os valores íntimos que os capelinos mais endurecidos alimentavam destoavam do que era necessário aos novos valores aos quais o planeta de origem deles se adaptava, criando *laço, e em armadilha, e em tropeço* para eles mesmos.

10 – Escureçam-se-lhes os olhos para não verem, e encurvem-se-lhes continuamente as costas.

— Aqui, vemos que a consciência ainda não estava lúcida *Escureçam-se-lhes os olhos* e o passado tamponado e esquecido *encurvem-se-lhes continuamente as costas."*

11 – Digo, pois: Porventura tropeçaram, para que caíssem? De modo nenhum, mas pela sua queda veio a salvação aos gentios, para os incitar à emulação.

— Como tudo no universo serve como meio de cooperação, a queda dos capelinos proporcionou essa emulação - estimulou o engrandecimento dos espíritos terrestres *antes pelo seu tropeço veio a salvação aos gentios.*

12 – E se a sua queda é a riqueza do mundo, e a sua diminuição a riqueza dos gentios, quanto mais a sua plenitude!

— Se eles vieram em queda no início da humanidade, e isso lhes enriqueceu a vida, dia chegará que, no período de regeneração da Terra, os capelinos que estão lá virão em ascensão, em *sua plenitude*.

13 – *Porque convosco falo, gentios, que, enquanto for apóstolo dos gentios, exalto o meu ministério.*

— Aqui, Paulo já começava a falar para os demais espíritos de origem da Terra, classificados como gentios pelos capelinos.

14 – *Para ver se de alguma maneira posso incitar à emulação os da minha carne e salvar alguns deles.*

— O objetivo principal é sempre auxiliar os exilados a se redimirem e ajudá-los a voltar para seu mundo de origem.

15 – *Porque, se a sua rejeição é a reconciliação do mundo, qual será a sua admissão, senão a vida dentre os mortos?*

— Se o exílio de Capela – a rejeição – foi a grandeza para a Terra, o principal objetivo deles aqui é apresentar a imortalidade da alma como um fundo religioso.

16 – *E, se as primícias são santas, também a massa o é; se a raiz é santa, também os ramos o são.*

— Se a qualidade do espírito é pura, os valores daí nascido são nobres e elevados; se os oriundos de Capela têm potencial superior já desenvolvido, basta resgatá-los.

17 – E se alguns dos ramos foram quebrados, e tu, sendo zambujeiro, foste enxertado em lugar deles, e feito participante da raiz e da seiva da oliveira,

— Os ramos quebrados do zambujeiro – Oliveira-Brava – foram retirados da Oliveira – simbolizada pelo ramo produtivo da raça de Capela – e enxertados na árvore das raças primitivas terrenas, para apresentar valores mais nobres do que os instintivos, que os naturais do orbe possuíam *enxertado em lugar deles*. Bastaria explorar os valores que traziam adormecidos, cuja qualidade era a mesma dos que ficaram em Capela *e feito participante da raiz e da seiva da oliveira*.

18 – Não te glories contra os ramos; e, se contra eles te gloriares, não és tu que sustentas a raiz, mas a raiz a ti.

— Os capelinos se achavam superiores aos terrenos e se gloriavam dessa condição: *te glories contra os ramos*. Mas essa atitude era uma distorção, pois a verdadeira raiz se encontrava nos valores de Capela fundamentados no bem: *não és tu que sustentas a raiz, mas a raiz a ti*.

19 – Dirás, pois: Os ramos foram quebrados, para que eu fosse enxertado.

— Os ramos da árvore de desenvolvimento em Capela, que se quebraram pelas próprias atitudes infelizes e pelo uso indevido do livre-arbítrio, foram implantados na árvore genealógica terrena, atendendo à lei de cooperação que dá a todos a oportunidade de se redimirem."

20 – *Está bem; pela sua incredulidade foram quebrados, e tu estás em pé pela fé. Então,* não te ensoberbeças, mas teme.

— O principal motivo da queda dos capelinos deportados foi a incredulidade em Deus e a negação da sua essência espiritual: *pela sua incredulidade foram quebrados*. Eles precisavam de uma postura mais humilde: *não* te ensoberbeças, mas teme.

21 – *Porque, se Deus não poupou os ramos naturais, teme que não te poupe a ti também.*

— Chegará um dia em que a Terra passará pelo mesmo filtro evolutivo e usará o mesmo critério de avaliação.

22 – *Considera, pois, a bondade e a severidade de Deus: para com os que caíram, severidade; mas para contigo, benignidade, se permaneceres na sua benignidade; de outra maneira também tu serás cortado.*

— Os que ficaram em Capela, pelo próprio esforço, têm direito a usufruir da benignidade, e os que foram exilados têm necessitavam de severidade reeducativa. Essa dinâmica é a que será aplicada à Terra no período de limpeza astral que antecede a Regeneração: *de outra maneira também tu serás cortado.*

23 – *E também eles, se não permanecerem na incredulidade, serão enxertados; porque poderoso é Deus para os tornar a enxertar.*

— Muitos descendentes de capelinos insistem até hoje nessa incredulidade e podem cair de novo, agora como exilados da Terra.

24 – *Porque, se tu foste cortado do natural zambujeiro e, contra a natureza, enxertado na boa oliveira, quanto mais esses, que são naturais, serão enxertados na sua própria oliveira!*_

— Aqui, percebemos o método de enxertia das raças, pois uma raça inferior *natural zambujeiro* não pode ser enxertada numa superior *na boa oliveira,* e sim em raças mais primitivas, *que são naturais.* Os deportados só poderão voltar à Capela quando estiverem redimidos: *serão enxertados na sua própria oliveira*

Ícaro fez uma longa pausa para que absorvêssemos aquele conhecimento. A maior parte do grupo ainda estava fazendo algumas reflexões que, para nós, eram importantes. Em seguida a esse intervalo, ele finalizou:

— Citei todo esse conhecimento com o objetivo de falar sobre um desses *quatro ventos* ou grupos de espíritos exilados de Capela, no caso os hebreus, com os quais Paulo tinha compromissos de auxílio.

Ao nos referirmos ao vento como o sopro divino que Deus colocou no corpo material, descrito no Antigo Testamento[32], queremos falar do espírito.

Como o espírito humano primitivo ainda era incapaz de desenvolver, por si mesmo, o uso dos recursos planetários *para que nenhum vento soprasse sobre a terra, nem sobre o mar, nem contra árvore alguma,* precisaria de auxílio de espíritos mais amadurecidos que já tinham essa capacidade, que são os *quatro ventos,* representando as quatro raças capelinas ou adâmicas.

· · · · · · · · · · · · ·
32 Gênesis 2:7.

Para dar a confirmação de que o espírito é o vento, Jesus afirmou para Nicodemos: *Na verdade, na verdade te digo que aquele que não nascer da água e do Espírito, não pode entrar no reino de Deus. O que é nascido da carne é carne, e o que é nascido do Espírito é espírito. Não te maravilhes de te ter dito: Necessário vos é nascer de novo. O vento assopra onde quer, e ouves a sua voz, mas não sabes de onde vem, nem para onde vai; assim é todo aquele que é nascido do Espírito.*[33]

O versículo em análise pode se referir aos tempos de transição para os espíritos terrenos que se dividirão generalizadamente em quatro raças adâmicas na deportação para outro orbe, à feição dos exilados de Capela.

Alguns desses espíritos colherão o que plantaram para si mesmos e se tornarão os exilados da Terra; ficarão retidos e não poderão reencarnar, temporariamente, nela. A água é a representação da reencarnação e o *sobre o mar* se trata da reencarnação coletiva dos exilados. Serão cortados como troncos em queda da árvore evolutiva da Terra, para, depois, pelo esforço de cooperação, voltarem a ser enxertados nela.

A aula termina por aqui. Desejo a todos um bom descanso em seus aposentos. Aproveitem bem a noite.

* * * * * * * * * * * *
33 João 3:5-8.

As vestes profundas

"E um dos anciãos me falou, dizendo: Estes que
estão vestidos de vestes brancas, quem são, e de
onde vieram? E eu disse-lhe: Senhor, tu sabes.
E ele disse-me: Estes são os que vieram da
grande tribulação, e lavaram as suas vestes e as
branquearam no sangue do Cordeiro."

APOCALIPSE 7:13-14

Nesse dia, fiquei sabendo, antes mesmo da aula, que Ícaro nos falaria sobre o perispírito, pois uma colega me disse:

— Ícaro comentou comigo algo sobre as linhas das emoções e dos pensamentos sustentarem o perispírito. Estudaremos isso no próximo versículo.

— Legal!

E fomos em direção ao auditório. O versículo já se encontrava projetado no painel

Ícaro, como sempre, iniciou os comentários indo direto ao ponto:

— Emoções e pensamentos são os elementos que nos envolvem sutilmente e atraem partículas e energias que passam a fazer parte de nosso corpo, influenciando nosso jeito de ser. São, simbolicamente, protótipos, nossas vestes mentais.

Esses elementos comandam nossas ações. Percebê-los em seu movimento direcionador leva ao autoconhecimento. Esse é o caminho mais seguro para que eles não permaneçam nos controlando e criando as demais linhas de força que formam nossa veste astral.

É como uma costura divina, cheia de cores e sons, com tons obscuros ou claros, barulhentos ou silenciosos, conforme a qualidade de nossas vibrações, entendem?

Nosso homem velho, desgastado pelo tempo – que podemos relacionar *E um dos anciãos me falou* – que desperta pelo conhecimento e pelas experiências acumuladas. E, assim, abre-se para indagar, na busca de respostas diferentes que venham a satisfazer as questões daí despertas. Surgem aprendizados, não mais do que vem de fora, mas, sim, a nascer da nossa intimidade.

À medida que um fundo automático vai perdendo sua influência, a fonte que o sustenta enfraquece e, aos poucos, outras linhas mais leves e profundas passam a produzir nossas vestes mentais.

Esta nova veste será estruturada tanto no reto pensar quanto no reto sentir.

Assim entendemos o simbolismo que está guardado por trás do versículo que diz *lavaram as suas vestes e as branquearam no sangue do Cordeiro.*

A Doutrina Espírita veio nos lembrar quem somos e clarear o entendimento do Evangelho do Cristo, que descreve a vida de um espírito puro que viveu na Terra para nos lembrar de que germens divinos se encontram em nós.

Portanto, o que João disse em *Estes que estão vestidos de vestes brancas, quem são, e de onde vieram?*

Pode representar as condições perispirituais e interiores dos espíritos redimidos que auxiliarão o planeta a crescer.

Passando pela limpeza natural e efetiva de nossas marcas do passado, pelo processo de regeneração espiritual da *grande tribulação*, nossas vestes mentais surgirão da gestação espiritual do nascimento do cristo em nós, trazendo resposta adequada a todos que desconhecem sua fonte de criatividade.

Peço a vocês que reflitam sobre os versículos da próxima aula, no Apocalipse 8:1, 2 e 7.

Diminuição da influência da matéria

> "E, havendo aberto o sétimo selo, fez-se silêncio no céu quase por meia hora. E vi os sete anjos, que estavam diante de Deus, e foram-lhes dadas sete trombetas.
>
> E o primeiro anjo tocou a sua trombeta, e houve saraiva e fogo misturado com sangue, que foram lançados na terra, que foi queimada na sua terça parte; queimou-se a terça parte das árvores, e toda a erva verde foi queimada."
>
> **APOCALIPSE 8:1, 2 E 7**

— Nesta e nas próximas aulas, faremos algumas reflexões a respeito dos sete anjos que aparecem na abertura do sétimo selo. Esses selos representam possibilidades de potenciais íntimos do espírito.

Com relação aos dois primeiros versículos em análise, queremos só esclarecer que, quando falamos da palavra anjo, referimo-nos à nossa condição futura de espíritos superiores e até mesmo puros. Esses versículos mostram um padrão de perdas da influência da matéria em nosso processo de evolução, incluindo as características humanas e espirituais.

Daqui para frente, dedicaremos algumas aulas para entender os sete anjos. *O primeiro anjo* se refere a perdas relacionadas aos nossos sentidos e demais estruturas que regem a vida na matéria e *foi queimada na sua terça parte; queimou-se a terça parte das árvores, e toda a erva verde foi queimada.* Os aspectos ligados ao reino vegetal estão relacionados com a melhoria da sensibilidade e das sensações.

A certa altura, fomos encorajados por Ícaro para explorar nossos sentidos. Nossa forma de ver a vida está, muitas vezes, ligada à condição material de nossos recursos perceptivos, mesmo aqui no plano espiritual, já que o perispírito é como se fosse o corpo físico para o mundo material. Somente quando estamos junto aos encarnados é que percebemos nossa condição material-espiritual, comparando as nossas percepções com as deles.

Tanto no plano material quanto no espiritual, nossas sensações e as emoções são um dos aspectos que determinam as ações e reações, sejam elas perturbadoras ou não, simbolizadas como nossas *terra, árvores e ervas,* que são os recursos que utilizamos no plantio no destino.

Pelo autoconhecimento, começamos a diminuir a influência desses canais físicos *que foram lançados na terra*, colocando-nos num outro patamar de localização da consciência ao deslocar a identificação com o corpo físico para o perispírito, que é a porta de nosso céu.

Precisamos colocar os valores materiais em seu devido lugar, para usá-los em benefício do próprio crescimento e dos outros. O carro, a roupa, os nossos valores físicos, fazem-nos sofrer quando, em vez de usá-los com fins corretos, os colocamos para a sustentação ilusória de um poder que eles não têm, na sustentação de nossos "eus". Agindo assim, humanizamos as coisas e, ao mesmo tempo, "coisificamos" os seres.

O verdadeiro poder que temos nasce das fontes do espírito, campo que a Divindade criou dentro de nós.

Quanto mais crescemos influenciados pelo próprio espírito, mais diminuirão as influências dessas falsas forças nascidas de objetos vazios e frios, que são apenas coisas para o nosso uso. A diminuição dessa influência no modo de vivermos e sentirmos será o espelho vivo do que está escrito no versículo *e foi queimada na sua terça parte; queimou-se a terça parte das árvores, e toda a erva verde foi queimada.*

Esta redução material se deve à aproximação que passamos a ter com a natureza que reflete Deus em nós. O desprendimento está ligado ao que é essencial, ao *sangue,* e o elemento transformador de um estado mais denso para um mais sutil é *o fogo*. Assim, complementamos a compreensão geral do versículo.

Novas perspectivas de reencarnações

"E o segundo anjo tocou a trombeta; e foi lançada no mar uma coisa como um grande monte ardendo em fogo, e tornou-se em sangue a terça parte do mar. E o terceiro anjo tocou a sua trombeta, e caiu do céu uma grande estrela ardendo como uma tocha, e caiu sobre a terça parte dos rios, e sobre as fontes das águas."

APOCALIPSE 8:8 E 10

— Dando continuidade ao tema dos versículos anteriores, faz-se necessário esclarecer que, quando falamos de água, referimo--nos ao processo de renascimento no corpo físico.

Se a ignorância cria os ciclos reencarnatórios de dor e sofrimento *e foi lançada no mar,* eles têm por objetivo principal o despertar da sensibilidade no reino animal e no hominal. A caminhada atribulada se sustenta na lei de causa e efeito, para a elaboração da justiça universal em nosso coração, tanto quanto nos relacionamentos humanos.

O movimento repetitivo dentro dos ciclos reencarnatórios ocorre até que não mais façamos aos outros o que não gostaríamos que nos fizessem. Essa realidade é a perspectiva de sentir essa justiça em nós.

Quando começamos a ter consciência de todas as ações distorcidas que nos prendiam até então, passamos a não ser mais conduzidos por elas e ficamos livres das induções energéticas.

Toda mudança na forma de vivermos altera, por sua vez, as circunstâncias das vidas futuras, que abrirão portas para conhecermos novos mundos e outras condições de existências físicas e semifísicas, de conformidade com a situação daqueles que já estão com a consciência mais iluminada.

Ocorrem mudanças na forma de renascimentos quanto aos novos mergulhos em existências diferentes.

O *mar* é o símbolo de uma necessidade por grande número de reencarnações, mas, à medida que crescemos espiritualmente, caminhamos para um processo de afunilamento *a terça parte dos rios*; passamos para os rios e, destes, para os lagos, até que os números de reencarnações diminuam para missões e auxílio direto a humanidades necessitadas de nossas influências educadoras. Nesse estágio, atingimos a necessidade de não reencarnar mais, contida no trecho *sobre as fontes das águas*. Daí para frente, só teremos encarnações como foi a de Jesus Cristo.

Essa purificação reencarnatória será atingida no estado do *segundo* e do *terceiro anjo*.

Já o elemento *fogo*, como foi falado antes, é o símbolo das transformações em direção à pura elevação. O *monte* significa a elevação desse mecanismo de aprimoramento, e a diminuição da *terça parte* é a mudança para objetivos mais amplos e profundos, até alcançar os mundos ditosos.

Independência e iluminação

"E o quarto anjo tocou a sua trombeta, e foi ferida a terça parte do sol, [...]. E O quinto anjo tocou a sua trombeta, e vi uma estrela que do céu caiu na terra; e foi-lhe dada a chave do poço do abismo."

APOCALIPSE 8:12 E 9:1

Ampliando nossas reflexões, Ícaro iniciou a aula do dia:

— Uma vez que o universo é regido pela lei de reciprocidade, todos somos influenciados de alguma forma por ela. Mas, observando a mente de um espírito que depende de outro para crescer, percebemos tratar-se de um psiquismo infantil.

A Terra está entrando num período de evolução em que os espíritos precisam caminhar com os próprios pés. Quando nos alimentávamos do pão em nossa mesa no plano físico, não percebíamos que muitas pessoas cooperavam conosco, desde o plantio do trigo à ação do padeiro e do vendedor.

Esse tipo de dependência relativa é, de certo modo, natural em muitos ângulos do universo. Aliás, não estamos falando dessa codependência, mas sim de uma dependência emocional e espiritual: aquela de precisarmos exclusivamente do outro para ser quem julgamos que precisamos ser; aquela do constante apoio ou orientação para caminhada, de uma absoluta necessidade de segurança espiritual.

No processo da regeneração pelo qual passamos agora, tudo isso já não fará mais parte de nosso movimento. A ascendência dos fatores externos vai diminuindo à medida que desenvolvemos nosso potencial espiritual e caminhamos por nós mesmos, incorporando em nós a expressão do *quarto anjo* e desenvolvendo *o quinto anjo*; logo após, ampliamos a consciência e a iluminação completa de nós mesmos.

Infelizmente, muitos se encontram apegados a uma temporária sustentação e temem ter de modificar sua dependência pessoal. Alimentar essa postura é opor-se aos objetivos divinos da vida quando a maturidade espiritual for atingida.

Um dos preços da maturidade espiritual será o desprendimento das influências do outro, mesmo que esse outro seja o mentor ou o Mestre que nos ajudou até o momento, no tempo e no espaço; seja na função de pais ou de estrelas de nossa evolução, como o caso específico de Jesus, o sol de nossas existências, enquanto estávamos em trevas. Por mais que Ele tenha nos amparado, aguarda que nos desprendamos Dele, dessa necessidade de suporte. No fundo, ela é uma carência.

Podemos caminhar todos juntos, mas não devemos depender dos outros naquilo que somente nós podemos realizar, que é a própria transformação por meio do autoconhecimento.

Livros, estudos, mentores, gurus e mestres ficarão cada vez mais distantes daqueles que já despertaram para o conhecimento essencial. A verdade foi colocada por Deus em nossa própria intimidade e, dessa forma, não necessita demasiadamente da luz que está fora – *e foi ferida a terça parte do sol* –, e cuja influência irá diminuir com o tempo.

Ao nos tornarmos espíritos puros, cada vez mais nos desprenderemos daqueles que nos antecederam a caminhada evolutiva. Encontraremos a saciação de nossas necessidades na própria intimidade – lugar sagrado que Deus habita desde toda eternidade.

Ao conquistarmos nossa independência, ficaremos sob a influência *de uma estrela que do céu caiu na terra*, sendo o céu a representação do nosso superconsciente ou self, que são iluminados pelo nosso sol interior.

Estávamos na expectativa de compreender melhor a figura do *a chave do poço do abismo*.

Ícaro, com a ternura de sempre, olhou-nos e disse:

— Precisamos fazer luz sobre a sombra e as trevas do nosso abismo. O autoconhecimento nos dá *a chave do poço do abismo*, que é o campo onde está o automatismo do passado e que tem complicado nossa existência, uma vez que nos comanda.

Vinculando o *vigiai*[34], que Jesus aconselhou a todos nós, com a observação atenta, anulamos as sombras e as trevas por meio da luz da consciência.

Com essa postura, a condição energética vai perdendo sua intensidade e diminuindo sua influência. Deixamos suas energias se dissiparem.

---

34 Marcos 13:33.

O efeito natural é um estado de paz que ainda não foi adquirido por conquista definitiva, mas alcançaremos a serenidade por nos tornarmos menos influenciáveis e passaremos a ser um canal de qualidade das forças da vida.

Vamos terminar a aula de hoje pensando melhor no seguinte trecho:

Ícaro apontou para a lousa, onde apareceu a frase: *e vi uma estrela que do céu caiu na terra; e foi-lhe dada a chave do poço do abismo."*

— Essa estrela que cai do céu é o desdobramento da consciência superior, efeito do processo de investigação que vê o que não via antes. Tornarmo-nos conscientes das sombras que atuam em nós é fazer luz no campo da intimidade e ampliar nossa descoberta interior.

Plenitude

> "E tocou o sexto anjo a sua trombeta, e ouvi
> uma voz que vinha das quatro pontas do altar
> de ouro, que estava diante de Deus, E o sétimo
> anjo tocou a sua trombeta, e houve no céu
> grandes vozes, que diziam: Os reinos do mundo
> vieram a ser de nosso Senhor e do seu Cristo, e
> ele reinará para todo o sempre."

APOCALIPSE 9:13 E 11:15

Eu me sentia realizado por participar daquele curso, porque, ao contrário de tantas outras vezes, havia decidido transformar o que havia de velho dentro de mim e me tornar um "novo" espírito. Para isso, o curso de regeneração era um bom recomeço.

Com alegria, Ícaro iniciou a aula:

— A compreensão do sexto e do sétimo anjo está relacionada com a nossa plenitude espiritual. Alcançaremos essa conquista na condição de espíritos puros.

A partir do momento que temos acesso ao nosso espírito, recebemos a influência de suas forças vivas: *sua trombeta, e ouvi uma voz que vinha das quatro pontas do altar de ouro*. Identificamo-nos com sua natureza profunda e passamos a sentir a presença de Deus em nós: *que estava diante de Deus*.

Essas manifestações do espírito são como vozes intuitivas guiando nossas escolhas e ações naturalmente *e houve no céu grandes vozes*.

Quando falamos que *Os reinos do mundo vieram a ser de nosso Senhor e do seu Cristo*, referimo-nos a todos os fatores que alimentam nossos anseios de satisfação material, pois, na condição de plenitude, não seremos mais dominados por eles e teremos anseios puramente espirituais.

Atingindo a condição de espíritos puros, vivemos o que chamamos de "a realidade do cristo", na qual não há nenhuma influência da matéria sobre nós. Assumimos a posição de viajantes do Cosmos sem residência fixa, pois os sóis serão nossas moradas e os demais planetas e suas humanidades em desenvolvimento, a nossa família universal e o nosso campo de trabalho no bem, *e ele reinará para todo o sempre*.

A abertura do sétimo selo, estudado no capítulo 8, versículos 1, 2 e 7, aponta-nos para a presença dos sete anjos que, ao mesmo tempo, representam a nossa jornada rumo à plenitude espiritual e diz da trajetória da Terra pelo Mundo de Regeneração, Ditoso e Celeste.

O tema da próxima aula será baseado no Apocalipse 9:6.

Até lá, leiam mais a Bíblia e, se tiverem interesse em compreender melhor, todos os anjos citados no livro Apocalipse, fiquem à vontade para pesquisar na biblioteca da colônia.

Apocalipse segundo a Espiritualidade

38

A morte que é vida

"E naqueles dias os homens buscarão a morte,
e não a acharão; e desejarão morrer, e a morte
fugirá deles."

APOCALIPSE 9:6

— O tema da aula de hoje é sobre a morte.

Como estávamos nos planos da vida espiritual, a morte não era uma questão, digamos, problemática, mas uma constatação da imortalidade do ser.

— "Mas que morte, então, seria aquela a que Ícaro se referia?" – pensei sozinho.

Ícaro continuou:

— Hoje, falaremos de um tema que é um grande problema e um campo de muitas aflições no plano físico. Achamo-nos deste outro lado da vida e já não temos medo da morte, pois descobrimos que ela é vida.

Mas a maioria dos encarnados do planeta sentem muito horror desse fenômeno natural da vida, em função da incompreensão por parte de muitos e pelo despreparo religioso que recebem. A Terra ainda é uma escola infantil para muitos espíritos novos, um educandário intermediário para outros que estão mais amadurecidos e uma universidade para os despertos.

Para aqueles que resolveram entrar em si mesmos sob a claridade da consciência desperta e desenvolvida, a percepção da mente e do corpo abre uma perspectiva mais ampla do Além. Esse fenômeno que os homens classificam como mórbido ameaça a estrutura egoica e o desejo da continuidade da existência eterna, mas que, em se tratando da realidade material, é necessária e transitória.

Por parte de alguns existe o desejo de deixar uma marca de suas existências passageiras, algo que os deixe eternamente na lembrança dos seus ou ainda de muitos, para a posteridade na história. Mas só o espírito é imortal. Todos os aspectos transitórios se transformam, mudam devido às próprias características de sua impermanência.

A teoria da imortalidade física que os materialistas precisam descobrir e sentir é diferente da natureza imortal do espírito.

Muitos acreditam, teoricamente, que são imortais, mas, quando são defrontados pelas experiências mais duras que os aproximam da morte, sentem medo e desespero. Porém, acreditar na imortalidade da alma já é o primeiro passo.

A vida essencial sempre nos convida a perdermos nossa identificação e apego aos aspectos superficiais que nos tipificam de acordo com os valores humanos. Esse é o símbolo da ressurreição descrita nos livros sagrados e expõe a fragilidade dos valores perecíveis que os homens construíram para si.

Muitos ainda buscam uma forma de matar o ego, e não conseguem. É o que diz o trecho deste versículo: *e naqueles dias os homens buscarão a morte, e não a acharão; e desejarão morrer, e a morte fugirá deles.*

Esse processo de reconhecimento da morte do corpo e da imortalidade do espírito se faz por meio do intelecto e da necessidade de acreditar nisso. Pela vivência do desencarne e da reencarnação, enfraquecemos a estrutura egoica de cada vida, deixando de ser o nome e a forma que temos em cada uma delas – matrizes do ego – e identificando-nos mais com a imortalidade do espírito.

Antes de prosseguirmos no próprio versículo, quero registrar que perceber de forma direta o automatismo mental na formação do ego, é começar a libertar-se dele, passando a caminhar para a verdadeira morte. Só há uma morte real quando os homens renunciam à sua condição humana para viverem a realidade plena do espírito. Para que o ser desperte, é necessário morrer para tudo o que é transitório, os poderes exteriores e humanos. Assim, o verdadeiro poder emerge e nos toca como um cântico de Vida Eterna.

39.

A verdadeira vida

"E depois daqueles três dias e meio o espírito de vida, vindo de Deus, entrou neles; e puseram-se sobre seus pés, [...]."

APOCALIPSE 11:11

Dando seguimento ao tema, Ícaro iniciou a aula seguinte:

— A vida é essência do universo, em contraponto à morte física, e utiliza-se dos canais de expressão em todos os ângulos da sua manifestação, da qual o corpo humano é apenas um deles.

A natureza é o livro sagrado, pronto para lermos seu conteúdo vivo de diversas formas, decifrando todos os mistérios. O próprio ser humano se desdobra em vários aspectos como: vida corporal, energética, mental, sentimental, intencional e outras tantas modalidades. Elas vão se desdobrando à medida que a consciência mergulha nas experiências infinitas de suas possibilidades.

Quanto mais mergulhamos na essência espiritual, que é a inteligência totalizada, desligando-nos dos elementos que a envolvem, mais notamos sua grandeza. Todos seremos tocados pela qualidade especial que dela se manifesta, pois, quando estivermos limpos dos elementos que distorcem sua pureza em ação, não teremos mais orgulho, vaidade, presunção e egoísmo, que ainda predominam em nós.

Na hierarquia descrita em *O livro dos espíritos*[35], nós temos o padrão de predominância da matéria ou do espírito. Podemos considerar que o número sete é o fechamento de um ciclo evolutivo. Em nosso caso, na regeneração, chegaremos ao nível sete, que significa os 100% da etapa. Ao considerarmos a metade do processo, chegamos a *depois daqueles três dias e meio,* que corresponde a 50% do desenvolvimento. Na regeneração, há a predominância das conquistas espirituais encaminhando-nos, cada vez mais, para nos tornarmos espíritos puros.

Quando pesquisamos o processo apocalíptico de regeneração, realizamos a limpeza do nosso canal de expressão, diminuindo o padrão de influência da matéria sobre o espírito e passando a ser tocados pela inteligência, que é a razão da vida e de tudo, incluindo-nos na realidade do versículo *o espírito de vida, vindo de Deus.*

Deixar que as forças profundas que nascem do espírito se sobreponham às energias do passado é confirmar a expressão do versículo *entrou neles; e puseram-se sobre seus pés.*

Creio que, assim, meus queridos irmãos, damos por encerrado o tema vida e morte.

Na próxima aula, falaremos da sua simbologia, que envolve o dragão citado no livro de João. Quem já se aventurou a procurá-lo dentro de si?

* * * * * * * * * * * * *

35 *O livro dos espíritos,* questões 100 a 113 – Escala espírita - Allan Kardec - Editora FEB.

O ego e a sua ação no tempo

"E foi precipitado o grande dragão, a antiga
serpente, chamada o Diabo, e Satanás, que
engana todo o mundo; ele foi precipitado na
terra, e os seus anjos foram lançados com ele."

APOCALIPSE 12:9

Naquela manhã, conforme Ícaro já havia dito, estudaríamos sobre o dragão e toda sua simbologia.

Apontando o versículo na tela, Ícaro perguntou:

— De quem é essa história no tempo, com tantos personagens que tratam do mesmo aspecto, começando com a serpente, depois o diabo e satanás, e adiante o dragão?

Entreolhamo-nos, porque, provavelmente, poucos de nós ali saberíamos responder, embora eu próprio tivesse feito o exercício de auto-observação sem encontrar nenhuma condição íntima que se referisse ao dragão. Não poderíamos afirmar com certeza do que se tratava. Aguardamos a fala dele:

— Tratamos aqui do ego e de suas raízes mentais formadas ao longo do tempo. Começamos com sua insinuação na base da permitividade quando, saindo do reino animal, precisamos organizar a estrutura mental como um núcleo de percepção pessoal de nós mesmos.

Essa estrutura mental, sustentada pelas necessidades básicas, e experimentando o prazer de viver como um ser individualizado, percebendo-se como o centro da vida, faz surgir o ego com características serpentinas, *a antiga serpente*. No início da caminhada no reino hominal, as estruturas mentais se movimentaram rasteiramente, coladas aos interesses mais baixos, oriundos das heranças instintivas do reino animal. Pelo interesse, usamos a astúcia de levar o melhor perante os outros, numa satisfação centrada na ideia de que tudo estava ligado a nós e de que todos viviam para nos servir.

Com o desenvolvimento da razão, as características serpentinas cresceram tanto em nós que nos tornamos *o Diabo e Satanás*, usando os recursos da intelectualidade para atingir nossos anseios de satisfação e conquistas.

Com o despertar da religiosidade no mundo, fomos chamados a dar saltos maiores e, dessa forma, o ego cresceu e nos posicionamos, usando desses recursos para o interesse próprio, em uma realidade pior: *foi precipitado o grande dragão*. Percebem a analogia?

Hoje, temos a necessidade de perceber a nossa natureza distorcida, o que nos distancia de nossa realidade espiritual.

Analisando a mente, podemos dividi-la. Por meio do subconsciente, temos a base da estrutura psíquica nas experiências animais, *a antiga serpente* ligando-nos às energias instintivas, baseadas nos anseios de satisfação e prazer.

Por exemplo, quando encontramos obstáculos ao que queremos sentimos insatisfação ou dor, e podemos reagir com violência por ter nossos anseios satisfeitos. Comportamento típico de quem se sintoniza ao chão material da vida, em movimentos rasteiros, e se prende aos aspectos fisiológicos e sensoriais.

Sentimo-nos como um corpo que vive e que tem necessidades básicas de sobrevivência e de prazer, e focamos nosso interesse na busca da felicidade, que nada mais é que o bem-estar dos sentidos.

Com o desenvolvimento da psique humana na atualidade, atingimos um nível nunca imaginado, podendo operar em áreas cada vez mais amplas dentro do universo. Uma dinâmica básica da responsabilidade é entender que a quem muito é dado muito será cobrado. O homem moderno continua preso ao egoísmo e ao interesse pessoal, do qual não abre mão em prol do bem de todos, quando já deveria contribuir com Deus no processo da criação, de forma a saber usufruir as bênçãos recebidas.

É exatamente isso que vem gerando o quadro de sofrimento que assola a Terra nesses momentos de transição. Eis aí *o Diabo e Satanás*.

Com a abertura da realidade espiritual em sua vida, podemos alçar voos criativos, mas ao invés disso usamos todo esse cabedal para os interesses mesquinhos ligados ao passado animal, dando asas à *antiga serpente* e aos personagens posteriores, transformando-a no *grande dragão*, influenciando negativamente campos sublimes nos quais deixamos de apresentar os quadros elevados dos mundos superiores.

As energias primitivas, associadas aos pensamentos e às emoções atuais, rebaixam os recursos divinos para a produção de beleza e amor, na troca de direção de seu uso, direcionando-os para as satisfações transitórias do ego.

Nessa queda, geramos sensações de dor e sofrimentos mentais como depressão, ansiedade, baixa autoestima ou rejeição. São ilusões sustentadas pela luta que travamos para dar continuidade a um "eu", mas que é *o Diabo, e Satanás, que engana todo o mundo*

Ícaro aproveitou enquanto líamos o versículo e deu uma pausa para que pudéssemos assimilá-lo. Logo depois, continuou:

— Esse engano de identificação gera um buraco perante o espírito imortal que somos realmente, mantendo nossa existência em ciclos de ilusões dentro da lei de causa e efeito.

Com o desenvolvimento da consciência profunda, passamos a redirecionar a caminhada, para que possamos produzir vida em níveis mais elevados.

Caso não possamos acompanhar o amadurecimento que o planeta vem passando e que nos convida para participar do concerto divino dessa transformação, seremos convidados a deixar a Terra, acompanhando o grupo que até agora tem tentado dominar o planeta com violência, o que confirma a afirmativa de João, quando diz: *ele foi precipitado na terra, e os seus anjos foram lançados com ele.*

Da mesma forma que, no passado, espíritos semelhantes a estes foram precipitados na Terra para servirem de amadurecimento aos espíritos novos do orbe, também serão retirados dessa mesma escola para outras moradas de luz, aqueles identificados com o mal, para que façamos as transformações necessárias que não conseguimos produzir nesse campo de lutas e crescimento.

Na aula de amanhã, estudaremos o versículo 18 do capítulo 13. Se precisarem, estarei à disposição após a aula para tirar dúvidas.

Fechamento de um ciclo

"Aqui há sabedoria. Aquele que tem
entendimento, calcule o número da besta;
porque é o número de um homem, e o seu
número é seiscentos e sessenta e seis."

APOCALIPSE 13:18

Baseando-se nos temas abordados no versículo em análise, Ícaro disse:

— Quando observarmos o desenvolvimento mental do homem na Terra, poderemos dizer que o estado reativo, tanto do corpo quanto do psiquismo, processa-se por ciclos repetitivos de aprendizado, para produzir o condicionamento neuropsíquico.

No universo, podemos encontrar os mesmos padrões de repetição, que estão refletidos nos movimentos dos astros, nas características funcionais do nosso próprio planeta, que é regido por vários movimentos de aprimoramento e fixação. Temos o tempo calculado por meio dos dias, meses e anos; os climas e as plantações regidos por estações; o trabalho diário na profissão, nos estudos e em outras atividades de aprimoramentos; nossas diversões e férias; o funcionamento do corpo de acordo com a sincronia dos movimentos planetários e assim por diante.

A nível espiritual, encontramos esses movimentos repetidos nos processos reencarnatórios, caracterizados por uma espiral contínua, constituída de vários ciclos de desenvolvimento subsequentes. Ao nos mantermos no erro, estacionamos nessa espiral, promovendo ciclos fechados, até que decidimos caminhar adiante e aceitamos a programação de crescimento estabelecida por Deus e voltando ao processo de desenvolvimento da espiral.

Quero que observem que, quando atingimos o fim de um ciclo que iria se fechar na forma circular, nesse exato ponto, ampliamos sua ação para além da ponta inicial que a gerou e nos inserimos em uma volta para novos ângulos da vida, que nos reservam surpresas e caminhos de crescimento. Na espiral, passamos pelos mesmos pontos de desenvolvimento correspondentes ao ciclo anterior, só que em níveis de experiências superiores.

Para que entendam melhor, vamos pegar o exemplo da construção das experiências familiares. No mundo primitivo, éramos um grupo sem muitos vínculos. Com o passar dos séculos e submetidos à lei de causa e efeito, criamos vínculos mais fortes, tanto no campo dos afetos como dos desafetos, fundamentados pelo apego entre seus membros. Hoje, já vivemos a edificação de famílias espirituais ligadas em bases de afinidades tanto no bem quanto no mal e, amanhã, perante o universo, pertenceremos à família universal.

A hierarquia dos seres espirituais, citada no capítulo 39, apresenta as três classes de espíritos: espíritos imperfeitos, bons espíritos e espíritos puros. Ela apresenta a descrição de um movimento evolutivo em amplos espirais, e cada classe descreve outras pequenas aspirais para o aprimoramento íntimo, que irá determinar a predominância ou não da matéria sobre o espírito.

Nas três etapas, podemos ver que, ao adentrar nos campos humanos, a consciência passou pela fase infantil na primeira classe. Nela, os impulsos fixados do reino animal predominavam sobre sua essência divina. O comportamento dos homens da caverna expressava-se, quase que absolutamente, por esses impulsos violentos. É o que representa o primeiro número seis em sua "testa espiritual", mencionada nas revelações do Antigo Testamento[36] e do Apocalipse. Estes não conseguiriam eliminar essas tendências até hoje, para se transformarem no sete, que representa a ausência dessa animalidade.

Depois de numerosas experiências da sua intelectualidade e dos sentimentos, os homens tentam desenvolver a justiça baseada no aspecto de que não devem fazer ao outro o que não querem para si mesmos. Entram na segunda proposta de crescimento espiritual, na qual deveria fundamentar o respeito recíproco, para que o amor proposto por Jesus lhes alimentasse a alma.

Ainda não conseguindo ser completamente justos, os homens da atualidade não atingem plenamente seu objetivo – o sete – e vem marcado o segundo número seis.

---

36 I Reis 10:14; II Crônicas 9:13; Esdras 2:13.

O autoconhecimento expressa o mecanismo de abertura da regeneração e é a porta estreita na aquisição de uma nova consciência. Enquanto não atingirmos a condição de espíritos puros, seremos marcados com o terceiro seis da marca da besta, o 666, ainda presente em nós. Ao atingirmos a condição de pureza, teremos a libertação dessas marcas bestiais.

Para encerar a aula, Ícaro brincou conosco:

— Vejam-se com os olhos do espírito e dirão se conseguem enxergar esse número em suas testas.

A musicalidade do ser

Eu acreditava que já estivesse conseguido realizar parcialmente o exercício proposto por Ícaro, pelo menos aquele de olhos fechados, pois o de olhos abertos era ainda um desafio para mim.

Antes de seguir para o auditório, passei na biblioteca para aprofundar um pouco mais a minha aprendizagem sobre o livro de João. Quando cheguei ao curso, Ícaro começava as reflexões com a seguinte questão:

— Qual é a música que tocamos em nós? Quais os regentes da nossa vida?

Ao observarmos atentamente, veremos que a qualidade de nossas músicas íntimas são o reflexo dos ritmos que estão nas paradas de sucesso nas rádios de todo o mundo: padrões perturbadores, melancólicos ou ansiosos – salvo as exceções.

Achei a observação engraçada e fiquei lembrando o tipo de música que eu ouvia enquanto encarnado. Talvez, Ícaro tenha percebido minha distração, pois veio em minha direção, dizendo:

— As bases animalizada, sensualista e exploradora são os tipos emocionais que determinam nosso comportamento.

Enquanto herdeiros diretos do reino que nos precedeu a evolução, o reino animal, carregamos conosco as marcas das emoções de raiva, medo, inveja, ganância, ciúmes. São elas o fundo musical que nos tipificam na vida. Pelo autodescobrimento, identificamos as respostas aos desafios que vivenciamos por meio das reações que temos. Elas geram o reflexo das conquistas realizadas na primitividade a nível de reino animal e reaparecem de maneira mais sutil e perspicaz no hominal.

Ao sermos convidados pelos engenheiros siderais para realizarmos nossa evolução no campo humano, a intenção era a de sairmos da influência dos maestros primitivos, dando maior abertura para que a razão, o sentimento, a arte, a ciência, a beleza e a delicadeza se tornassem nossos novos condutores na produção de melodias mais refinadas.

Somos preparados em planos espirituais, como este em que vivemos agora, para que possamos ter uma disposição para mudanças. Enquanto nossa conduta ainda apresentar um tom de violência, egolatria, orgulho, vaidade, prepotência etc., impediremos que a musicalidade superior, que parte do centro do universo, venha a repercutir em nossa intimidade.

Ícaro fez sua pausa costumeira e, depois, continuou:

— Meus caros, o espírito é a fonte de produção da música que expressa Deus dentro de nós. À medida que nos aperfeiçoarmos no estudo de nós mesmos e tomarmos contato mais vivo com o nosso espírito, perceberemos o quanto as notas musicais estão sendo conduzidas por impulsos que não poderão mais determinar atitudes como as que apresentamos até agora.

Mesmo que essas emoções do passado permaneçam em nós, nossa consciência desperta vai reger nossa intimidade.

À medida que nos limparmos dos condicionamentos gerados por elas, deixando-os esvaírem-se naturalmente, uma musicalidade surgirá em notas de harmonia e beleza, em direção a um novo reino.

Ficamos por aqui na aula de hoje. Até amanhã!

O livro sagrado da vida

"E vi outro anjo voar pelo meio do céu, e tinha
o evangelho eterno, para o proclamar aos que
habitam sobre a terra, e a toda a nação, e tribo,
e língua, e povo."

APOCALIPSE 14:6

Naquele dia, continuando as reflexões sobre o Apocalipse, Ícaro falou, pausadamente:

— Parte dos livros que estudamos no plano físico são frutos das mentes em processo de aprendizado. Ao provar suas descobertas e divulgá-las, os autores e seus livros influenciam nossos comportamentos e, ao serem aceitas pela sociedade, elas acabam por padronizar nossa conduta em um mecanismo direcionador de fora para dentro.

Alguns desses livros têm objetivos de mostrar o que é certo e errado, ora utilizando recursos disciplinadores, ora orientadores, a fim de que permaneçamos no caminho do acerto.

Não negamos a importância dos livros, tanto que temos incentivado o uso de nossa biblioteca como fonte de informação e conhecimento, pois muitos deles são a fonte de elevação que possibilitam o reajustamento dentro da existência.

Diversos autores criaram, no decorrer do tempo, movimentos filosóficos, religiosos e até científicos que pertencem à realidade dos dois planos, pois são escritos pelos encarnados com os recursos da intelectualidade, inspiração, criatividade e pesquisa.

Entre esses grandes homens, destacamos a personalidade ímpar de Jesus, do qual recebemos a descrição da Sua existência e dos ensinamentos por meio das páginas do Evangelho, o Novo Testamento.

Mesmo que Jesus não tenha escrito uma só linha, vemos que seus exemplos são importantes para nossa evolução, uma vez que expressam as atitudes que devemos adotar para alcançar a realidade de um espírito puro. Ele representa um dos anjos que nos influenciam o crescimento.

Alguns desses grandes gênios se encontravam despertos e sabiam ler num livro que muitos ainda não sabem escrever. Que livro é esse?

Ícaro se calou por uns instantes e nos encarou com sua feição sempre calma e simpática.

Um dos alunos tomou coragem e respondeu:

— É o livro sagrado da intimidade do ser, acessado pela consciência lúcida. Ele reflete Deus em cada um de nós.

— Exatamente! Por essa fala podemos entender *E vi outro anjo voando pelo meio do céu, e tinha um evangelho eterno.* Com essas possibilidades, predominaremos a nossa primitividade *aos que habitam sobre a terra e a toda nação, e tribo, e língua, e povo.* – disse Ícaro, satisfeito.

Vejo que já começam a compreender os objetivos do curso. Esses livros pessoais nascem de uma mesma fonte: a inteligência essencial, já estudada por nós anteriormente.

Todos nós deveremos aprender a lê-los, desbravando o universo íntimo, onde as leis eternas de Deus estão escritas, regendo-nos como regem o universo.

Esses livros precisam de autores para escrevê-los. Quem seriam eles?

— Nossos espíritos – respondi.

— Isso mesmo! – disse Ícaro, notando com alegria que nosso entendimento se ampliava.

Entremos em contato, cada vez mais vivo, com essa realidade e escrevamos o Evangelho eterno naturalmente, assim como Jesus o fez.

Houve uma nova pausa para que Ícaro fosse até sua mesa, talvez verificar algo sobre o tempo, e disse:

— Tudo bem até aqui?

Como todos concordamos que sim, Ícaro disse:

— Então, vamos continuar com, pelo menos, mais um versículo.

Construções transitórias

> "Um outro anjo seguiu, dizendo: Caiu, caiu
> Babilônia, aquela grande cidade, que a todas
> as nações deu a beber do vinho da ira da sua
> fornicação."

APOCALIPSE 14:8

Ícaro continuou o curso, desta vez citando o versículo:

— Com relação ao segundo anjo, já falamos sobre ele no capítulo 35. Então, vamos entender o que significa o trecho *caiu Babilônia*. As distorções de nossas atitudes são frutos dos impulsos do passado, representando energias acumuladas no tempo e no espaço, como construções seculares. Elas têm sido o grande elemento determinante da nossa ruína e precisam cair, deixar de conduzir as reações que temos.

Dessas construções, *não ficará pedra sobre pedra que não seja derrubada*[37], uma vez que a maioria delas é transitória. Tirando esse impedimento, a natureza essencial das cidadelas mentais e das nações psíquicas do passado – *todas as nações* – deixaram de existir para que as balizas de uma nova Jerusalém fossem erguidas.

---

37 Lucas 21:6.

Usando o *vinho* como símbolo de ilusões, perceberemos que elas distorceram nossas características originais. Produzimos corrupção em relação à natureza espiritual mais profunda na ânsia de matar a sede de ilusões, como o abordado pelo trecho *deu a beber do vinho da ira da sua fornicação*.

Nossa luta, se assim podemos nos expressar, é fazer com que aconteça a mudança desses valores e dessas atitudes, que têm sido, até agora, a inspiração na busca de nossa felicidade transitória para outras de origem essencial.

Ao realizarmos esse processo de limpeza interior, que reflete a limpeza astral da Terra, ocorrerá o redirecionamento de nossos recursos para finalidades úteis, alcançando o apocalipse ou a revelação íntima. Viveremos o processo regenerador, pelo qual nos harmonizaremos e despertaremos potenciais divinos que, até agora, tinham sido nosso ideal de viver, mas que se encontravam distantes da prática de sentir.

Com o autoconhecimento, permitimos que essas condições ganhem espaço sobre aquelas que têm sido a marca do movimento humano nas vidas sucessivas, proporcionando o desenvolvimento de uma consciência diferente que nos permite transitar em setores mais sutis do mundo espiritual. A porta para esse nível é o contato com nossa natureza divina.

Um aluno, lá de trás do auditório, levantou a mão e perguntou:

— Então, o senhor quer dizer que estamos passando por um processo de regeneração, cuja analogia o senhor compara com o apocalipse?

Ícaro sorriu e respondeu:

— Sim. Vivemos a transformação dos estados de consciência, em que o passado que nos sustenta deixará de existir, para que o espírito puro surja na leveza do mínimo esforço positivo, e teremos a alegria em fazer tudo, produzindo beleza e elevação como verbo da criação, à feição do Cristo numa escrita viva de um Evangelho eterno.

E, dando por finalizada a aula, Ícaro foi em direção ao aluno que fez a última pergunta.

A ação criativa

"E ouvi uma voz do céu, que me dizia: Escreve: Bem-aventurados os mortos que desde agora morrem no Senhor. Sim, diz o Espírito, para que descansem dos seus trabalhos, e as suas obras os seguem."

APOCALIPSE 14:13

Ícaro, centrado, olhava para o versículo escrito na tela do painel. Depois de um tempo, aguardando que nos aquietássemos, começou a falar:

— Nesse versículo do Apocalipse, podemos observar aspectos importantes. O primeiro está ligado ao processo de autoconhecimento, a voz da consciência, *E ouvi uma voz do céu, ...* Com a regeneração dos *Bem-aventurados* da Terra onde nossos seres superficiais – *os mortos que desde agora* – perdem a predominância do ego, para identificar-se com sua natureza espiritual – *morrem no Senhor* – e, assim, passam a descansar mais do trabalho penoso que é essa transformação, colhendo os efeitos de todas as suas obras rumo à autotransformação, – *para que descansem dos seus trabalhos,* pois *as suas obras os seguem.*

Em um mundo de regeneração, o trabalho é mais tranquilo e o caminho mais reto, e recebemos o resultado de nossas ações como lado positivo da lei de causa e efeito.

O mesmo aluno que havia feito a pergunta na aula anterior levantou a mão e disse:

— E como saberemos se estamos ou não em um mundo de regeneração?

— As características de um mundo de regeneração são a paz e a tranquilidade, apesar das limitações que a matéria possa apresentar – salientou Ícaro.

Veja, os nossos esforços eram muito grandes na transição do reino animal para o hominal, exigindo a libertação da animalidade que impera sobre nós. Na regeneração, a predominância do espírito sobre a matéria aumenta gradativamente, até que não sintamos tanto as condições exteriores sobre nós. Uma leveza se estabelecerá em direção à eternidade.

O objetivo maior de agora em diante é a investigação de como funcionamos na sutilidade das ações, percebendo os detalhes dos condicionamentos que nos regem. Temos de fazer um trabalho diferente do que fazíamos antes; o mundo exterior já foi extremamente investigado, o universo abre suas portas, cada vez mais, para que venhamos a conhecer sua grandeza.

Mas ainda não sabemos mergulhar em nós mesmos, assim como navegantes em um oceano desconhecido. Morrer, para nossa condição infantil de viver, é ressurgir em vida plena. Até agora, a reforma íntima era um esforço mais externo. Com o trabalho interior ela passa a descansar desses esforços elaborados por fora, mas, agora, devemos fazê-lo por dentro, de maneira leve e suave.

O infinito da vida vem nos convidar para um mergulho nesse universo íntimo. Observaremos que tudo o que conquistamos nas experiências dos relacionamentos e adquirimos até aqui veio de fora e morrerá para que os valores depositados por Deus dentro de nós venham à tona, expressando a realidade do versículo estudado:

Bem-aventurados os mortos que desde agora morrem no Senhor. Sim, diz o Espírito, para que descansem dos seus trabalhos, e as suas obras os seguem."

Ícaro fez uma pausa para que pudéssemos reler a frase destacada no painel e refletir as palavras do versículo. Isso era necessário para que pudesse dar seguimento aos seus ensinamentos.

A autoridade

"E depois destas coisas vi descer do céu outro
anjo, que tinha grande poder, e a terra foi
iluminada com a sua glória."

APOCALIPSE 18:1

Ícaro iniciou a aula com perguntas:

— Que tempo é esse *depois destas coisas*? Já notaram que a necessidade de mostrar autoridade ainda é uma preocupação
egoísta fundamentada em nossa vaidade? Será que essa necessidade não deixa à mostra o sentimento de importância
que queremos ter e, ao mesmo tempo, a sensação de poder
sobre as outras pessoas? O que é a glória?"

Todos nós aguardamos que Ícaro complementasse sua
abordagem:

— Diante das limitações pessoais e infantis, expressamos essa
vaidade ao elegermos alguém como nosso exemplo de vida,
transferindo para o outro um poder que nos cabe.

— Respondendo à primeira questão, digo que, ao tratar do assunto regeneração e de seu objetivo de nos tornarmos espíritos puros, teremos passado por *Depois destas coisas*, coisas
essas que representam o processo material de evolução.

Um pouco mais à vontade, perguntei:

— Na questão da autoridade, o que devemos fazer para nos libertar, verdadeiramente, dessa vaidade, mestre?

— Sei o que pensa, meu jovem – disse Ícaro, como se lesse meus pensamentos.

Mas é necessária muita sensibilidade para perceber as nuanças que envolvem esses movimentos sutis das engrenagens que os sustentam. Só perceberemos isso pelo autoconhecimento.

Por exemplo, o anonimato é a expressão mais bonita do amor, pois quem realizou a ação não aparece. Assim deve se expressar a nossa autoridade. Isso mostra que sua manifestação é mais importante que a "pessoa" que a canalizou. Coloco pessoa entre aspas porque os agentes dessa autoridade podem ser uma ou mais pessoas. É incrível como Deus é anônimo, não precisando aparecer nem Se mostrar. Não depende sequer da nossa adoração superficial.

Compreende isso? – perguntou Ícaro dirigindo-se a mim.

Fiz um gesto para que ele visse que eu havia compreendido.

— Quando estamos realizando alguma coisa, precisamos ter consciência do ato para que a inconsciência não continue a determinar nossas atitudes. Se observarmos bem, perceberemos que não temos a menor ideia das intenções que estão por trás das ações e escolhas que fazemos. Na maioria das vezes, quando achamos que temos essa clareza, ela não é o que realmente pensamos que seja.

A pergunta que temos de nos fazer é: o que realmente queremos com aquilo que pensamos que queremos?

Quantas vezes, ao termos uma análise de nossos estados íntimos, percebemos o próprio ego sustentado por uma crítica, um julgamento ou uma comparação?

Despertar, de forma objetiva, a sensibilidade que há em nós, para as forças que determinam nossas escolhas e ações, é abrir-se na exploração de um universo desconhecido por nós. Daí para a ação é um pulo.

Surgirá naturalmente em nós o desenvolvimento das qualidades do espírito, que induzirão nossa conduta.

Atingindo a perfeição – a glória – a realidade material terá cumprido seu objetivo em nossa evolução, – *e a terra foi iluminada com a sua glória*.

Despedindo-se, Ícaro seguiu por um corredor que separava o auditório em que estávamos de outras salas.

A vestimenta do ser

"E foi-lhe dado que se vestisse de linho fino,
puro e resplandecente; porque o linho fino são
as justiças dos santos."

APOCALIPSE 19:8

Aproveitando-se das reflexões anteriores, Ícaro falou:

— Antes de saber como transformar os pensamentos, as palavras e as ações, vamos investigar nossas vestimentas.

Ao mergulharmos no campo da matéria, em processo de expansão natural do espírito, precisamos saber utilizar as substâncias do fluido cósmico do orbe e de sua matéria e agregá-las ao corpo astral e físico, que são a exteriorização de nossas vestes.

Pelas experiências que o caminho evolutivo nos oferta, ampliamos os ajustes de todos os recursos no desenvolvimento da inteligência, usando os canais de expressão que mostram quem somos.

No vasto campo das vivências pelas quais passamos nos reinos inferiores, utilizamos diferentes estados da matéria, seja densa, seja fluídica, até que tenhamos capacidade de lidar com outras naturezas vibratórias, que passarão a nos revestir o campo de manifestação.

Além disso, no reino hominal, utilizamos palavras e pensamentos, emoções e sentimentos que tecem as linhas de forças que compõem os tecidos do nosso ser.

Conseguem imaginar como será quando o espírito, em sua pureza, for a fonte de produção da própria vestimenta real?

Por enquanto, nossa estrutura psíquica e espiritual, como corpos de natureza energética que nos envolvem, tem como características a qualidade das emoções e dos pensamentos que produzimos.

Imagine, meu nobre irmão, quando pudermos tecer nossas roupas com sentimentos como a compaixão, o perdão e a compreensão. Aí alcançaremos o estágio de *E foi-lhe dado que se vestisse de linho fino, puro e resplandecente; porque o linho fino são as justiças dos santos*.

O universo espera que, à medida que adquirimos as bênçãos da vida, ampliemos as possibilidades de ação no desenvolvimento da sabedoria, para usá-las a benefício de todos.

Conforme nos aproximarmos da realidade, deveremos conduzir nossas ações, e cada coisa será colocada em seu devido lugar, pois passaremos a ser senhores de nós mesmos, descobrindo o Reino dos Céus que sempre esteve em nós.

48

O alimento do ser

"E disse-me: Escreve: Bem-aventurados aqueles
que são chamados à ceia das bodas do Cordeiro.
E disse-me: Estas são as verdadeiras palavras de
Deus."

APOCALIPSE 19:9

Já tinha começado a investigar se meus sentimentos, pensamentos, palavras e ações iriam refletir a verdade do meu ser imortal. Mas, enquanto não obtinha a resposta, decidi prestar mais atenção em cada palavra de Ícaro para, em seguida, rever em mim mesmo as condições que vinha obtendo no processo de autoconhecimento.

Naquela manhã, mais calmo, sentia-me feliz por ter conseguido ficar mais de 50% do percurso estipulado para o curso. Creio que isso já fosse uma ação muito significativa a nível de conquista pessoal.

Ícaro mostrou o versículo no painel e assim falou:

— Dentro das leis universais, há o processo da assimilação das coisas, também chamado de nutrição, ao qual tudo e todos estão submetidos; das galáxias às microestruturas, todos *são chamados à ceia*. O ser humano, além de buscar nutrir o corpo com a alimentação nascida dos recursos externos, desdobra-se na constituição dos elementos internos pela aquisição da cultura, dos recursos profissionais e de todos os setores que lhe despertam o interesse.

Precisamos perceber a qualidade desse processo de assimilação, observando o que buscamos para nossa felicidade e, assim, percebendo o que procuramos como nutrição mental.

Ficar pensando é alimentar-se de nutrientes psíquicos que podem nos sustentar a vida para campos de bem-estar ou mal-estar. Algumas pessoas alimentam-se de uma ocupação desenfreada como fonte de estímulo em sua sustentação. Outras, ao contrário, vivem paralisadas pelo menor esforço negativo, pela preguiça.

Essa busca se desdobra tanto, que vemos as pessoas falarem: "meu relacionamento me sustenta"; "este livro é o alimento da minha mente". É assim em quase tudo o que diz respeito à satisfação humana.

— Se nossos órgãos digestivos sofrem com os abusos da alimentação ruim ou pela falta de bons nutrientes, imaginem os impactos sofridos por nosso espírito submetido a tantos desvarios da nossa produção mental!

Não ter noção dessa inconsciência é andar por caminhos cheios de desafios dentro da lei de causa e efeito, o que é prejuízo ao nosso espírito. Permanecer na ignorância é sinal de sofrimento e dor.

Nada do que nos diz respeito poderá mais estar submetido à inconsciência, em vivências que contradizem o equilíbrio e a harmonia. Tornarmo-nos conscientes de nós mesmos é uma necessidade absoluta e inadiável.

Apocalipse segundo a Espiritualidade

Damos início à própria libertação quando percebemos nossa nutrição em sua totalidade. Dessa forma, podemos compreender melhor a respeito do versículo que diz: *Bem-aventurados aqueles que são chamados à ceia das bodas do Cordeiro,* naquilo que diz respeito à união que temos com a natureza espiritual profunda.

Só o espírito tem os alimentos que sustentam a vida eterna, pois a sua natureza reflete as expressões que Deus escreveu em toda a Sua criação.

Jesus disse: *Eu sou o pão da vida*[38]. Isso quer dizer que o estado de espírito puro é a fonte de alimentação proporcionadora de vida.

38 João 6:48.

Eu e o Pai somos um

"E vi o céu aberto, [...]."

APOCALIPSE 19:11

Dando continuidade à aula, Ícaro observou o detalhe do versículo 19:11.

— Assimilar algo é um processo complexo e gradativo. Um aspecto dessa habilidade está na capacidade de ver, que é um dos mais intrincados sentidos que possuímos e, mesmo assim, pode nos enganar por sermos limitados pelos campos vibratórios que essa observação abrange, principalmente quando imersos no plano material.

Um espírito encarnado pode observar um alimento em uma vitrine e pedir um pedaço ou uma porção dele. O vendedor pode responder que o da vitrine é de plástico e que o produto real está reservado em compartimento próprio e não é exatamente daquela forma, embora tenha os mesmos ingredientes. Ao saber disso e ver o produto em outro formato, o cliente retira o pedido.

Isso mostra o quanto o nosso olhar pode nos enganar.

Com a ampliação de outros sentidos, compreendemos melhor a realidade das coisas que nos cercam e, mesmo assim, podemos estar sujeitos a enganos perante a vida, que se expressa em infinitas possibilidades.

Um dos ângulos da visão é a percepção interior por meio do olho consciencial, na observação da mente que se completa com a exterior.

Então, descobriremos o verdadeiro céu revelando camadas que estão reservadas ao nosso desenvolvimento. Vislumbraremos um estado de ligação com o Todo, entrando em comunhão indescritível com a realidade daquilo que nomeamos Deus. É quando compreendemos o que significa *E vi o céu aberto*.

Vamos ao próximo versículo?

Inéditos aspectos do ser

> "E vi um novo céu, e uma nova terra. Porque já
> o primeiro céu e a primeira terra passaram, e o
> mar já não existe."

APOCALIPSE 21:1

Ícaro abordou outro versículo e explicou que ele se ligava aos anteriores.

— Constantemente, somos desafiados a desenvolver as capacidades adormecidas em nosso superconsciente ou céu interior.

Ao estudamos nosso consciente e subconsciente, vemos o campo de plantação semeado pelas experiências que tivemos, áreas da mente onde estão a história da caminhada evolutiva. Elas são o resultado de um trabalho feito de forma inconsciente, no início, uma semiconsciência mais adiante, para acordamos cada vez mais para a consciência desperta.

Nessa experiência, elaboramos uma grande quantidade de recursos físicos e mentais, tanto na realidade física quanto além dela, que simbolizam *um novo céu, e uma nova terra*. Tudo isso proporcionado pelos mergulhos no *mar* das reencarnações.

Tivemos que passar por elas, de acordo com os sábios arquitetos divinos, para a consolidação das conquistas.

Por meio do autoconhecimento, abrimo-nos para uma nova etapa de descobertas.

Nesse universo ilimitado de recursos para nossa elevação e plenitude, vislumbramos horizontes, até que, na perfeição, atingiremos um nível em que não precisaremos mais de encarnações em corpos perecíveis *e o mar já não existe*.

A perfeição é o final do apocalipse.

No processo de elevação, as voltas aos corpos físicos serão feitas em menor quantidade e com maior qualidade, representando, a partir daí, a evolução em linha reta; característica das existências que se darão quando estivermos vivendo nos mundos regenerados, a caminho dos de natureza superior.

Quanto mais acesso ao mundo íntimo, mais tomamos contato com capacidades inimagináveis, ainda não exploradas, como a dizer que: à medida que nos aprofundarmos em espírito, mais descobriremos a sutilidade da vida fora de nós, e vice-versa, entrando em contato com a essência da vida, podendo afirmar que *vi um novo céu e uma nova terra. Porque já o primeiro céu e a primeira terra passaram*.

Bem, é isso. Por hoje é só!

Descansem no bem maior de Deus.

51

A construção e o ser

"[...] vi a santa cidade, a nova Jerusalém, que
de Deus descia do céu, adereçada como uma
esposa ataviada para o seu marido."

APOCALIPSE 21:2

Estávamos quase fechando os estudos do extraordinário
Apocalipse, que João legara-nos antes de partir. Escrita espiritual inspirada pelo próprio Cristo.

Analisando um pouco mais minha trajetória até aqui, senti
que os exercícios de auto-observação que Ícaro nos apresentou
me ajudaram muito no meu processo de autoconhecimento.
Consegui descobri o porquê de, na maioria das vezes, eu desistir
das coisas que havia me imposto.

Mas consegui seguir em frente com esse breve, mas profundo
e muito esclarecedor, curso. E ali estávamos a caminho de seu
encerramento. No início, não tínhamos a ideia de que ele se
destinava mais à nossa intimidade do que aos aspectos exteriores
que muitos aguardam acontecer no orbe, quando se trata do
tema Apocalipse.

Ícaro, sorrindo como sempre, olhou para nós, mostrou no painel
o versículo e iniciou a aula:

— Se apenas com os exercícios já atingimos certo equilíbrio, imaginem quando tivermos conseguido equilibrar completamente as emoções e os pensamentos, ajustando a dualidade do sentir e do pensar na perspectiva de viver elevadamente. Criaremos uma unificação com as mesmas forças que atuam fora de nós, numa união com a vontade Daquele que nos criou.

Simbolicamente, as conquistas feitas em nossa caminhada evolutiva são chamadas de cidadelas espirituais. Nesse aprendizado, consideramos a mente como fonte dos pensamentos e das emoções.

Quando observamos as cidades por todo o orbe, cada vez mais elaboradas e sofisticadas, como fruto do trabalho exaustivo da inteligência humana, podemos afirmar que as conquistas internas nos aspectos morais e o aperfeiçoamento de nossos corpos espirituais refletem a mesma trajetória de esforços.

A partir do momento em que as manifestações de nosso espírito influenciarem nosso comportamento geral, vamos entrever *a santa cidade, a nova Jerusalém*. Ela se mostrará nas mais harmoniosas expressões que poderíamos ter, consumando aquele casamento descrito no Evangelho, cujo esposo[39] simbolicamente estava ligado a Jesus e à sua mensagem espiritual.

Teremos, então, o encontro com nossa natureza divina, sintonizando-nos com os campos mais elevados da vida e retratando o dizer do Evangelho: *no reino dos céus, não se casa e*

39 Mateus 9:15.

nem se dá em casamento[40], pois, em estado de totalidade, já não somos divididos entre razão e sentimento.

Ao nos tornamos seres integrais, deixaremos de nos sentir fragmentados ou divididos em nós mesmos, que é a caracterização da nossa forma de pensar e de nos sentirmos atualmente.

Pensemos nessa plenitude como a santa cidade espiritual, pela qual adoraremos Deus em nós mesmos, edificando não só os corpos que nos revestem, como também a harmonia íntima que estabeleceremos por sintonia com a Vontade Divina da regeneração da Terra, que retrata a *santa cidade, a nova Jerusalém, que de Deus descia do céu.*

40 Lucas 20:34-35.

A ausência de sofrimento

"E Deus limpará de seus olhos toda a lágrima;
e não haverá mais morte, nem pranto, nem
clamor, nem dor; porque já as primeiras coisas
são passadas."

APOCALIPSE 21:4

— Meus queridos irmãos, já sabemos que o sofrimento, na maioria das vezes, é efeito de nosso sentir e pensar distanciados da natureza espiritual, ou seja, de nossa essência. Por isso, podemos afirmar que, exceto a dor física, a maioria dos sofrimentos aparecem por causa das ilusões sustentadas pelo ego.

Ao pensar, podemos gerar estados emocionais e, quando nos emocionamos, geramos pensamentos com as características próprias daquela emoção. Este é um dos aspectos do mecanismo de nossa criação interior, que se relaciona com as bases do universo, já que influenciamos diretamente nas matrizes da vida junto ao fluido universal.

Vejamos um exemplo de algo que acontece com os homens.

Nossa psique tem a capacidade de repetir, muitas vezes, os acontecimentos em forma de lembranças, que podem ser tanto de uma separação amorosa, da morte de algum familiar, de uma traição, de um sofrimento etc., quanto das lembranças boas do passado, que nos distanciam da realidade do agora, daquilo que devemos desfrutar.

Essas repetições multiplicam o sofrimento emocional na perpetuação da lembrança, que deveria ser esgotado diante do fato em si, dentro de uma aceitação profunda daquilo que não podemos mudar.

Como não compreendemos a forma de funcionamento da mente, nossos sofrimentos são a perpetuação de ocorrências como aquelas acessadas pelas recordações. Poderíamos nomear essas ocorrências como sofrimento adicional e ilusório, pois é estendido pelo complexo mecanismo psíquico que geramos por nossa inconsciência.

Todas as ocorrências e experiências vividas por nós são desafios para desenvolvermos o potencial espiritual na amplitude de nossa inteligência essencial, com a finalidade de que, um dia, possamos lidar com os acontecimentos por meio da harmonia íntima. Essa harmonia será gerada pela compreensão espiritual de tudo o que ocorre em nosso íntimo e no mundo exterior, de onde surgirão soluções equilibradas que refletirão uma fé sincera e real.

Desenvolver uma condição de alerta natural, que é o vigiar sugerido por Jesus e que nomeamos estado meditativo, é um trabalho elaborado pelo autoconhecimento. Ele fará surgir uma consciência, cujo entendimento ultrapassa as condições humanas do viver que mantivemos até agora.

Assim, veremos que, quanto maior é esse despertar, essa percepção da intimidade, menor o efeito do sofrimento em nossa vida, pois, conforme está escrito no versículo, *limpará de seus olhos toda a lágrima* que é promotora de sofrimentos mentais condicionados. *E não haverá mais morte* pela ignorância e pelo erro, uma vez que criaremos em nós uma insensibilidade à dor, *nem pranto, nem clamor, nem dor; porque já as primeiras coisas são passadas.*

Eis a caminhada da regeneração aos mundos felizes ou ditosos.

Ícaro caminhou lentamente em direção ao outro lado do palco e disse:

— Creio que seja apenas isso que temos a dizer sobre o versículo em análise.

53

A vitória e a herança do Filho

"Quem vencer herdará estas coisas; e eu serei
seu Deus, e ele será meu filho."

APOCALIPSE 21:7

— Inicialmente, quero registrar que estou muito contente por ter crescido o número de alunos e porque conseguiremos finalizar o propósito do curso. Isso indica que muitos serão beneficiados pelo autoconhecimento.

Aliás, devo acrescentar que, no próximo semestre, faremos uma nova rodada de aulas sobre o Apocalipse.

Nesse momento, houve um burburinho, e uma moça sentada ao lado direito do palco disse:

— Ainda bem, mestre, porque comecei o curso quando ele já havia iniciado e quero fazê-lo desde o início da próxima vez.

— Que bom que gostam da ideia. Não sabia que haveria tanta procura, e já pedimos desculpas pelos improvisos iniciais de mudança de local e por outras alterações.

Mas aqui estamos e, sobre o versículo 7, ainda do capítulo 21, quero dizer que nossas lutas estão muito focadas no lado de fora, em vencer na profissão, nas conquistas das coisas, no ganhar sempre, entre tantos outros interesses que a encarnação desperta.

Aí eu me pergunto: Quando é que iremos perceber que os problemas não estão nos aspectos exteriores, mas no campo íntimo?

Por meio de estímulos e gatilhos, despertamos, no tempo e no espaço, as energias acumuladas, que sabemos ser a raiva, o ciúme, o medo, a indiferença e muitas outras forças de nosso condicionamento mental e físico.

Muitos de nós, tanto no plano físico quanto no espiritual, repetimos as mesmas emoções se não sabemos entendê-las nem registar a intensidade com que ainda estão vivas em nós. Se registrássemos a presença delas, teríamos um indicativo de que já vivemos atentos ao que é importante. Elas surgem como impulsos acionados pelas atitudes das pessoas, por circunstâncias, coisas e valores dos relacionamentos.

A vitória sobre esses condicionamentos não será feita por meio do controle, do refreamento, nem por uma atitude de criar resistência ou de recalcar para dentro de nós os impactos gerados, causando doenças e perturbações.

Nesse sentido, já estaremos felizes se tivermos consciência de como surgem esses hábitos condicionados e de como atuam sobre nós, mesmo que não possamos fazer nada em relação a eles, por enquanto. Só de ficarmos alertas a respeito deles, já poderemos nos libertar das influências ligadas à nossa inconsciência e, com isso, torna-se menor a nossa identificação direta com as reações geradas.

Apocalipse segundo a Espiritualidade

— Mestre – levantei a mão e disse –, ainda sinto falta de algo mais palpável frente a tantas verdades. O senhor consegue me entender?

Ícaro não parecia surpreso com minha insistência e respondeu:

— Mas é claro que entendo, afinal, um dia já estive sentado aí, questionando sobre as mesmas práticas.

Mas devo lembrá-lo de que o autoconhecimento elabora a reforma íntima. E, neste sentido, cada um de nós encontra sua maneira de tornar as ações mais saudáveis frente aos próprios pensamentos, emoções e palavras de igual teor.

A autoanálise silenciosa deve ocorrer a todo o momento, já que sentimos e pensamos continuamente. Ela é o reflexo do que disse Jesus: *meu Pai trabalha até agora, e eu trabalho também*[41], na operosidade contínua de nossos potenciais íntimos.

Só com o autoconhecimento, vivo e minucioso, poderemos aprender sobre a atuação deles em nós. Imperioso seria não termos uma observação reativa, abrirmos mão dos próprios julgamentos, da sensação negativa que causam, clarificando em nós que são apenas pensamentos e emoções que carregamos há milênios e que se encontram em nosso íntimo no estado de outras energias em potencial, prontas para serem despertas e agirem automaticamente.

Os núcleos delas são gigantes e fortes, precisam de tempo e dedicação para perderem a força, numa atividade contínua de percepção.

- - - - - - - - - - - - -
41 João 5:17.

É assim que você conseguirá se mover na prática de ser o *Quem vencer herdará estas coisas*.

De esgotamento em esgotamento, os centros diminuem a intensidade até chegarmos à vitória real. Abrindo mão de nossa herança passada, poderemos descobrir os valores profundos e essenciais, que são a verdadeira herança divina. Como filhos unigênitos seremos a semelhança e a imagem Daquele que nos criou, vivendo plenamente o *e eu serei seu Deus, e ele será meu filho*.

Ícaro, então, sugeriu que terminássemos a aula. Eu fui para os meus aposentos, na certeza de que, ao trabalhar meus pensamentos e emoções, minhas ações me moveriam em direção à glória.

A independência

"E a cidade não necessita do sol nem da lua, para
que nela resplandeçam, porque a glória de Deus
a tem iluminado, e o Cordeiro é a sua lâmpada."

APOCALIPSE 21:23

Nossos encontros estavam por terminar. Sabia que eu sentiria falta da convivência proporcionada pelo curso, principalmente de Ícaro, mas tínhamos de seguir em frente. A experiência do término possibilitava nosso desprendimento nesse aspecto. E ainda mais para mim que, embora tenha vindo de uma trajetória de derrotas e escândalos, passei a buscar a minha redenção por meio do tratamento naquele lugar maravilhoso que Deus me deu a oportunidade de conhecer.

Havíamos aprendido que o mais importante era o apocalipse que estávamos passando em nós mesmos. E isso eu entendera perfeitamente bem. Também tinha aprendido as minhas origens e me sentia apto a reconstruir o caminho que percorrera para chegar até ali. Agora, só me faltava passar pelo apocalipse de minha regeneração interna para, enfim, alcançar a vitória.

Pensava nisso quando ouvi Ícaro começar sua fala do dia:

— Esse versículo se refere à dependência que ainda temos e à caminhada em direção à independência que a regeneração nos

propiciará. Apesar da condição natural de sermos crianças espirituais, a dependência, após certo estágio de evolução, é uma das maiores distorções das necessidades psicológicas que elaboramos para sobreviver. Quando dizemos: "Sem você eu não vivo" ou "Se você morrer, eu morro junto", estamos, intimamente, gerando uma falsa dependência, pois acreditamos que realmente precisamos daquela pessoa.

Essa dependência se expande a diversas experiências. Se deixarmos que isso aconteça, dependeremos dos espíritos, da sorte, dos pais e de outras tantas pessoas e coisas, para os quais transferiremos as expectativas e as responsabilidades que nos cabem, uma vez que acreditamos que eles são o nosso sustento.

De igual maneira, criamos, com essa visão limitada, o estímulo de permanecermos juntos daqueles que classificamos como modelos e guias, em um tipo de adoração que lhes alimenta um ego de superioridade. Isso até pode ocorrer em certos níveis de relacionamentos, mas os espíritos superiores não necessitam dessa bajulação.

Quem é independente não precisa diretamente de ninguém para lhes alimentar essa ideia.

A verdade é que, quanto mais profundos e elevados formos, menos precisaremos manter uma relação de dependência.

Quando os amigos espirituais observam que seus tutelados podem caminhar com os próprios pés, trabalham para despertar a autonomia pessoal deles, abrindo possibilidades para que encontrem a verdadeira força em si mesmos.

Com isso, produz-se um ambiente para um desligamento natural, direcionando a todos para a verdadeira fonte de sustentação que devemos descobrir: o próprio ser em sintonia com Deus.

Tendo consciência dessa verdade, não precisaremos mais fazer dos outros uma fonte de apoio desnecessária e, ao mesmo tempo, passamos a não sustentar a dependência junto aos outros.

Até hoje, criamos relacionamentos com bases nas falsas carências, mas faremos uma revolução na convivência sob a influência do amor.

Seja nos campos afetivos, profissionais, religiosos e espirituais ou em quaisquer outros que se apresentem, precisamos descobrir o grau de dependência que alimentamos em torno de escoras, que acabam por se transformar em algemas.

Jesus e outros homens que passaram por aqui foram como sóis, estrelas ou luas em nossas vidas em estágios mais primários. É preciso compreender que não precisamos mais de uma ação direta deles para que possamos nos iluminar.

No dizer do Cristo *vós sois a luz do mundo*[42] compreendemos o que está escrito em *e a cidade não necessita do sol nem da lua, para que nela resplandeçam, porque a glória de Deus a tem iluminado, e o Cordeiro é a sua lâmpada.*

O Espírito, meus irmãos, é um sol que reflete a Luz da Vida.

* * * * * * * * * * * *
42 Mateus 5:14-15.

A pureza do ser

"E não entrará nela coisa alguma que contamine,
e cometa abominação e mentira; mas só os que
estão inscritos no livro da vida do Cordeiro."

APOCALIPSE 21:27

Estávamos todos empolgados e, ao mesmo tempo, tristes com o final dos estudos. Mais uma etapa havia sido cumprida! Ícaro parecia sentir nossa empolgação e iniciou a aula com entusiasmo:

— Não quero parecer repetitivo, mas algumas coisas precisam de destaque. Mesmo porque, se levarmos em conta o texto de João, perceberemos que se trata de uma alegoria de como seria o período de regeneração pela qual passa a Terra.

E é por isso que insisto tanto em dizer que, à medida que temos consciência de nós mesmos, numa atitude que promova a limpeza do nosso passado, saímos do padrão inconsciente que nos movia até agora para encontrarmos a forma de não permanecermos "sujos" pelas energias perturbadas, uma vez que *não entrará nela coisa alguma que contamine*, diz o versículo.

Não mentiremos para nós mesmos nem para os outros, ou seja, nem o que *cometa abominação e mentira*. Pois, mesmo que sintamos as energias desse passado atuando em nós, teremos uma atitude de não mais acreditarmos nelas e não as alimentarmos.

Ícaro parou de falar, foi em direção à sua mesa, apanhou um livro que estava sobre ela e, apontando o dedo para uma das páginas, disse:

— Aqui, em *O livro dos espíritos*, na questão 621, foi dito que as Leis Divinas estão escritas na consciência.

Então, acredito que, à medida que nos despertarmos e entrarmos em um estado de alerta natural, estaremos cada vez mais em contato com a nossa condição espiritual e nos abriremos para ler essas páginas vivas da legislação universal. Compreendemos, principalmente, aquilo que definimos como Espírito e que representa assumir a herança divina em nós, exemplificada por Jesus.

Assim que Ícaro terminou de falar, apareceu na tela a segunda parte do versículo:

[...] *mas só os que estão inscritos no livro da vida do Cordeiro.*

Nesse momento, Ícaro colocou o livro sobre a mesa e caminhou para frente, num gesto que sempre fazia quando ia terminar as aulas:

— As forças do espírito são vida e, enquanto não as descobrimos em nós mesmos, dependemos do que está fora de nós.

Por mais que alguma coisa nos sustente como elemento vital, nunca poderá tornar-se eterna pelo simples fato de ser transitório tudo o que se encontra por fora, independente de essas referências serem um relacionamento, uma posição, um bem imóvel, o poder ou favorecimento. Todas elas são impermanentes e fadadas a terminar.

Somente o espírito, meus queridos irmãos, tem a natureza do infinito, pelo qual aprenderemos a encontrar Aquele que lhe é fonte de vida eterna.

E, dizendo isso, finalizou a aula.

A fonte da vida

"E mostrou-me o rio puro da água da vida,
claro como cristal, que procedia do trono de
Deus e do Cordeiro."

APOCALIPSE 22:1

Quando iniciei o curso sobre Apocalipse, confesso que me interessava mais em desvendar os mistérios desse livro do que realmente compreender seus significados mais profundos. À medida que o curso prosseguia, mais percebia que teria de passar por um processo de autoconhecimento para compreender a revelação contida nele.

Felizmente, dessa vez, ao contrário de outras vezes em que estive cego e paralisado diante das descobertas, eu me envolvi pelo tema com muita esperança e me organizei para seguir em frente e terminar o curso. Agora, às vésperas de finalizá-lo, sei que algo em mim despertou para uma realidade íntima.

Ícaro chegou ao auditório cumprimentando a todos, sorridente, e dando palavras de incentivo aos alunos. Sentado na frente, acompanhei toda a movimentação antes de ele iniciar a aula.

Decidi que continuaria visitando a biblioteca para estudar e que falaria com a senhora Marta para me inscrever nos demais cursos, principalmente naqueles ligados à reforma íntima.

Ícaro me cumprimentou com um sorriso largo no rosto, e disse olhando para todos:

— Muito bom dia! Estão todos bem?

Todos se agitaram e concordaram que sim. Havia um clima de expectativa e satisfação geral.

— Vamos falar um pouco do versículo 1, capítulo 22.

Temos tomado muitas águas na ânsia de saciarmos a sede como a samaritana[43], que todos os dias pegava sua vasilha para enchê-la nos poços que abasteciam a cidade.

Simbolicamente, esses poços representam as orientações, os exemplos, os ensinos que nos abastecem a sede de compreensão da vida e de nós mesmos.

Essa fonte, por sua vez, ora é a ciência, ora é a religião, a filosofia ou mesmo um mestre. Ficamos satisfeitos com essa busca por alguns períodos, mas, depois, lá vem a eterna sede de vida novamente.

Por mais profundas que sejam essas verdades e conhecimentos, eles atingem apenas a nossa mente, não tocando o campo real das necessidades íntimas que possuímos.

Todo esse aspecto de saciarmos a sede da verdade é abordado por Jesus à samaritana, quando perguntou sobre seu marido. Nossos sentimentos têm casado com diversos campos informativos da razão para diminuir nosso sofrimento causado pela necessidade vital simbolizada pela sede de equilíbrio interior. Identificarmo-nos com nossa natureza espiritual pelo

43 João 4:4-26.

sentir significa beber a água da fonte da água viva, que Jesus ofereceu à samaritana.

A samaritana já havia tido cinco casamentos, que simbolizam as teorias e as crenças adquiridas a nível intelectual e que demandaram uma necessidade cada vez maior de sede interior. Em seu sexto casamento, ela ainda não estava satisfeita verdadeiramente, porque suas crenças continuavam fundamentadas em doutrinas exteriores.

Mesmo assim, podemos afirmar que este casamento é a representação da Doutrina Espírita ou de similares que despertam em nós a fé raciocinada e proporcionam relativa segurança quanto à morte e à transitoriedade dos sofrimentos, embora ainda falte um contato vivo com todo o corpo doutrinário, o que será conquistado com nossa elevação espiritual, quando tivermos acesso a esta fonte de água viva."

Queridos irmãos, o que nos falta para matar essa sede?

Pelo autoconhecimento, poderemos beber na fonte de nosso ser espiritual, no qual se localizam as correntes de água viva. Poderemos, então, diminuir os fatores que nos geram essa sede.

A passagem *e mostrou-me o rio puro da água da vida, claro como cristal, que procedia do trono de Deus e do Cordeiro* é o símbolo de nosso espírito matando sua sede.

Temos que despertar-nos de nossa essência verdadeira, abrindo mão daquelas outras que alimentamos ao longo da evolução e já não são mais necessárias.

Um aluno levantou a mão e perguntou:

— E o que quer dizer o trecho *e mostrou-me o rio puro da água da vida, claro como cristal, que procedia do trono de Deus e do* Cordeiro?

E Ícaro apenas respondeu:

— A parte referente ao *rio da água da vida* representa as reencarnações ligadas à regeneração, que estão mais limpas de imperfeições, até chegarmos às reencarnações de mundos ditosos e celestes, como nos diz o trecho *claro como cristal* e que nos aproxima da condição de espíritos puros *que procedia do trono*.

Vendo que o aluno parecia ter ficado satisfeito com a pronta resposta, Ícaro perguntou:

— Podemos seguir para o versículo seguinte?

Como nenhum de nós se opôs, Ícaro continuou sua aula.

A Árvore da Vida

"No meio da sua praça, e de um e de outro lado
do rio, estava a árvore da vida, [...]."

APOCALIPSE 22:2

— Seguindo em frente, perceberemos que nossas raízes estão ligadas à grande árvore da vida, sustentada na Realidade Divina. A árvore da vida representa a herança espiritual que recebemos de Deus.

Ícaro fez uma pausa, tomou um gole da sua água e propôs:

— Quero sugerir a cada um de vocês, se me permitem, que busquem mais fundamentos sobre como se aprofundar no autoconhecimento depois que o curso terminar.

Temos transitado no campo material por meio de vários troncos de raças, famílias, nações, prendendo-nos aos aspectos fragmentários, que nos fazem sentir separados do Todo e aprisionados a laços fechados, como família, nação, raça e tantos outros fatores transitórios. Nesse contexto, a emoção que mais aparece para determinar as escolhas que fazemos é o medo, gerador de uma reação de apego à busca pela segurança.

Condicionados pelas múltiplas existências, identificamo-nos com os aspectos materiais que nos revestem, impondo limitações na forma de pensar e reduzindo nossa real expressão.

É dessa maneira que geramos o "não ser".

No trabalho investigativo, pelo garimpo do autoconhecimento, penetramos na essência da vida cujos frutos são a criatividade, espontaneidade, leveza e beleza. Nas águas vivas dos planos da vida, tanto na realidade material quanto na espiritual, *de um e outro lado do rio*, vamos desenvolvendo um único centro de força da nossa consciência, que é o coronário, simbolizado pela expressão *no meio da sua praça*, cada vez mais próximo do centro da vida, que é Deus.

Não se esqueçam de que as próximas aulas serão as últimas.

Todos fizemos gestos de lamentação, mas Ícaro disse:

— Lembrem-se de que oferecemos apenas o aprendizado sobre como acessar a nossa fonte de água viva, que irá matar a sede de cada um!

58

O bem-dizer

"E ali nunca mais haverá maldição contra alguém; e nela estará o trono de Deus e do Cordeiro, e os seus servos o servirão."

APOCALIPSE 22:3

Nos últimos encontros, o objetivo era estudar alguns versículos do capítulo 22 dessa revelação.

Ícaro começou com o versículo 3, dizendo:

— Ao usarmos o mecanismo ativo de observar o modo de vivermos, saberemos quem somos: mais essenciais ou mais superficiais. Quanto mais próximos da animalidade estivermos, maior será a influência de forças brutas no comando de nossas existências. Seremos mais superficiais.

Quanto mais distante o espírito for de sua real natureza, mais o mal se tornará a geratriz das personalidades transitórias e mais distante ficaremos das expressões do verbo divino da criação.

Nos livros sagrados, a nossa forma de sentir na vida é simbolizada pelo papel feminino. Na Bíblia, o sentimento primitivo desenvolvendo-se em sua primeira instância é chamado de Eva, aquela que comeu o fruto da árvore proibida junto a

Adão, induzidos que estavam pela serpente que deu início à *maldição*. Ao passar pela fieira das reencarnações, essa realidade avança e vai modificando sua capacidade sensibilizadora, retratada nas várias mulheres descritas na história até que atinjamos a sublimação desse aspecto na posição de Maria.

A mãe de Jesus representa o sentimento virginal, a purificação das sujeiras mentais, como o apego, o egoísmo, a consanguinidade, as preferências, a pessoalidade – vivermos separados uns dos outros – etc.

Não é por menos que Isabel, sua prima, influenciada pela espiritualidade, disse no encontro com Maria: *Bendita És Tu Entre As Mulheres!*[44] Nesse fato, temos o fim da maldição, pois Maria, além de bendita, era o canal de vinda de Jesus, que estabeleceu uma única etapa evolutiva para a Terra.

Quando formos a manifestação viva de nosso espírito em nossas formas de viver, *ali nunca mais haverá maldição*, retratando a pureza espiritual de Maria em nós, na condição de cristos.

No campo dos relacionamentos diários, o autoconhecimento mostra o que nos distancia de nossa essência verdadeira, que significa ter *o trono de Deus e do Cordeiro* em nós.

Ao utilizarmos corretamente os recursos do corpo físico, da fala, da energia sexual etc. – servos do espírito –, confirmaremos o que diz *e os seus servos o servirão*.

---

44 Lucas 1:42.

Apocalipse segundo a Espiritualidade

A iluminação

"E ali não haverá mais noite, e não necessitarão
de lâmpada nem de luz do sol, porque o Senhor
Deus os ilumina; e reinarão para todo o sempre."

APOCALIPSE 22:5

— Muitas luzes nos beneficiaram as existências até agora – iniciou Ícaro.

Na origem de nossas movimentações como princípios inteligentes, fomos conduzidos pela influência dos espíritos elevados e puros, por cujas mãos passamos em vários planetas, até atingirmos a condição humana para a aquisição dos valores da mente e do que somos hoje.

Quando entramos na aquisição do conhecimento, tanto internamente quanto de modo externo, começamos a nos beneficiar das orientações religiosas e científicas, acendendo a luz da nossa razão.

O auxílio de anjos da guarda, mentores, parentes e amigos representam os luminares menores que, no dizer de Moisés[45], eram para iluminar as *noites*, ou seja, para nos acompanhar

45 Genesis 1:14.

no acender da luz de dentro para fora, nas sombras que envolvem nossas experiências submetidas à lei de causa e efeito.

Quando Jesus disse *Vós sois a luz do mundo!*[46] Ele nos convidou para acendermos novo detalhe de consciência interior por meio do autoconhecimento que ilumina as sombras e trevas íntimas.

Mas quanto ainda precisamos descobrir para fazer mais luz?

A *noite* é o símbolo do esquecimento do passado, tamponando as luzes que adquirimos nas encarnações, mas que ficam potencialmente prontas para serem acendidas em forma de reações.

Quando nos harmonizarmos com a plenitude de nosso ser, não apagaremos a nossa luz e não esqueceremos o passado, confirmando o início do versículo, que diz: *e ali não haverá mais noite.*

É assim que atingiremos a possibilidade de vivermos em mundos felizes e celestiais.

A nossa intelectualidade, a perspicácia mental, as conquistas tecnológicas e os valores humanos representam uma luz de néon que brilha e encanta, mas que não traz em si a suavidade da verdadeira claridade que não agride.

No processo de iluminação íntima, não carecemos mais das luzes que nos clarearam enquanto estávamos em trevas, mesmo que sejam essas luzes nossos instrutores, mestres, mentores espirituais e até o próprio Cristo, que tem sido a *luz do sol*

46 Mateus 5:14.

de nossas vidas. Na nossa evolução, chegaremos ao momento em que *não necessitarão de luz de lâmpada nem de luz do sol.*

Nesta condição, descobriremos, admirados, que nossa luz é o reflexo vivo da luz que nasce de Deus *porque o Senhor Deus os ilumina; e reinarão para todo o sempre.*

Eternidade e atemporalidade

"Eu sou o Alfa e o Ômega, o princípio e o fim,
o primeiro e o derradeiro."

APOCALIPSE 22:13

Percebemos que Ícaro estava para finalizar sua aula, porque falou emocionado:

— Meus queridos irmãos, nossa realidade profunda é reflexo vivo da realidade que se encontra fora de nós desde a eternidade, naquilo que não tem começo nem fim na resposta da questão número dois de *O livro dos espíritos,* no tema Deus.

Quanto mais nos aproximamos dessa realidade, mais percebemos que os tempos e os espaços são o movimento do espírito na matéria, na qual o tempo é transitório, sendo importante que ele exista, mas vamos transcendê-lo para além das formas.

Quantos nomes, corpos e circunstâncias usaremos para voltarmos àquilo que verdadeiramente somos: o espírito?

Em todos os planos, materiais ou espirituais, aos quais estivemos ligados até aqui, fomos subordinados aos movimentos dos planetas e, com isso, calculamos os tempos em nossas existências. Mas, quando estivermos plenos e despertos, entraremos na condição de atemporalidade no campo da eternidade.

Nossa intimidade é atemporal, pois a condição espiritual não para nunca e está sempre presente.

Assim, fiquemos vigilantes, pois Jesus nos convidou a notarmos que essa percepção é contínua e que nunca mais parará, uma vez que *o Pai trabalha até agora, e eu trabalho também*.[47]

Esse é o começo da condição eterna e atemporal, porque estamos presentes no único tempo que existe, o agora; e passamos a expressar, vivendo nessa condição, o dizer apocalíptico do versículo *eu sou o Alfa e o Ômega, o princípio e o fim, {...}*.[48]

Isso não é teoria, e sim a real condição nascente do ser espiritual que somos. É o estado mais profundo de consciência que poderemos viver em qualquer lugar do universo, mesmo temporariamente ligados ao corpo perecível.

· · · · · · · · · · · · ·

47 João 5:17.

48 Apocalipse, 1:8.

O despertar do Espírito

"Aquele que testifica estas coisas diz:
Certamente cedo venho, Amém!"

APOCALIPSE 22:20

E, então, Ícaro finalmente concluiu os nossos estudos, dizendo:

— Adentrar na regeneração por meio da percepção contínua de como vivemos, reagimos, pensamos e sentimos é o testemunho verdadeiro que faremos para que o espírito puro venha com toda a sua glória e verdade.

Procurar uma vivência de não reação quando as coisas estão pesadas por fora, não sintonizando mais com as emoções que reagem aos estímulos infelizes, é o maior desafio que enfrentamos nesses momentos de transição.

O autoconhecimento é um estado de alma que é o marco de todos os seres que viverão na Terra daqui para a frente. A ação no bem, a caridade, o respeito recíproco, a fraternidade legítima já são trabalhos que fazemos aos poucos e que se tornarão as características do mundo novo.

Não se esqueçam de que o sol do espírito nasce em nossos horizontes mentais. Uma nova manhã despertará naqueles que acordarem para si mesmos.

Sentindo a necessidade de fazer esse trabalho natural em nós, não viveremos mais mentalmente num mundo de provas e expiações, dores e sofrimento, mas sim numa escola de aperfeiçoamento, onde adquiriremos a capacidade de nos dominar no despertar do Reino de Deus em nós.

Esse caminhar depende de cada um.

Entramos numa forma renovada de testemunho pessoal, sem necessidade de dar recados aos outros para demonstrarmos nossas afirmações, e sim de escutarmos nossas forças interiores para nos sintonizarmos com elas, ouvindo o espírito em nós.

Uma frase final surgiu na tela do auditório e foi lida por Ícaro:

Aquele que testifica estas coisas diz: Certamente cedo venho. Na manhã da nossa consciência a presença do espírito cedo vem, dando testemunho da vida espiritual pura.

Ícaro fez um gesto juntando as mãos em um aceno e, naquele momento, todos nós saudamos o mestre Ícaro com uma longa salva de palmas.

Ainda nos levantamos e continuamos aplaudindo.

De repente, dei-me conta de que estávamos aplaudindo a nós mesmos.

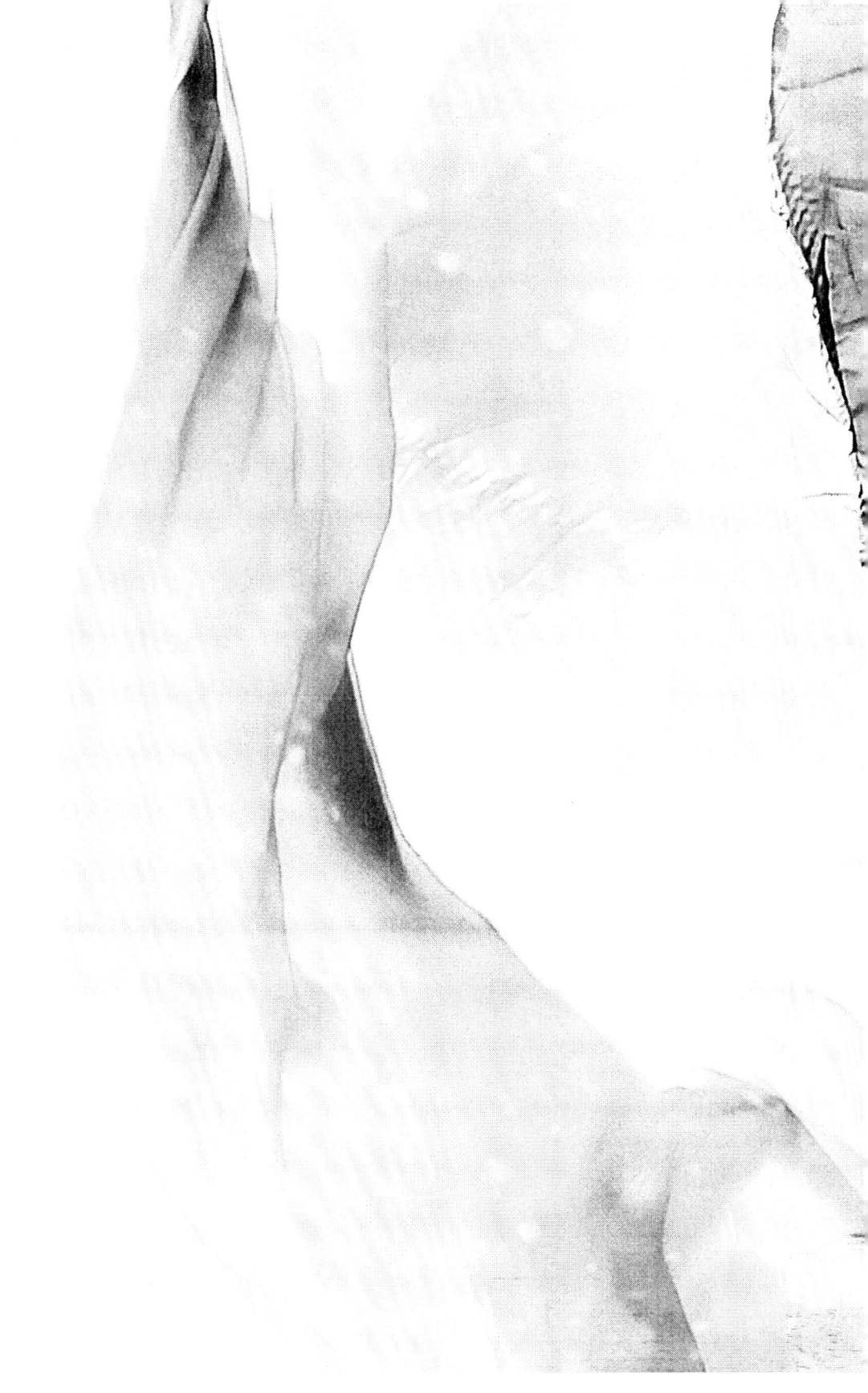

Ficha Técnica

Título
O apocalipse segundo a espiritualidade –
o despertar de uma nova consciência

Autoria
Samuel Gomes

Edição
1ª

ISBN
978-65-87210-02-5

Revisão ortográfica
Mariana Frungilo

Revisão da diagramação
Nilma Helena

Design Gráfico e Arte
César Oliveira

Coordenação e preparação de originais
Maria José da Costa e Ednei Procópio

Composição
Adobe Indesign 2021
(plataforma Windows)

Tamanho
Miolo: 16 x 23cm
Capa: 16x23cm com orelhas de 8cm

Páginas
320

Tamanho
Miolo 16x23
Capa 16x23 com orelhas de 9cm

Tipografia
Texto principal: AmeriGarmnd BT 13, 17Pt
Título: Baskerville Old Face 30,30 Pt
Notas de rodapé: AmeriGarmnd BT 10, 15Pt

Margens
Margens: 25mm, 25mm, 25mm, 25mm
(superior:inferior:interna;externa)

Papel
Miolo em Pólen 70 g/m2
Capa Cartão Supremo Alvura 250 g/m2

Cores
Miolo 1x1 cor
Capa em 4x0 CMYK

Acabamento
Miolo: Brochura, cadernos de 32
páginas, costurados e colados.
Capa: Laminação Fosca

Impressão
Rettec Artes Gráficas

Tiragem
2.000 exemplares

Produção
Julho 2021

NOSSAS PUBLICAÇÕES

SÉRIE AUTOCONHECIMENTO

DEPRESSÃO E AUTOCONHECIMENTO - COMO EXTRAIR PRECIOSAS LIÇÕES DESSA DOR

A proposta de tratamento complementar da depressão aqui abordada tem como foco a educação para lidar com nossa dor, que muito antes de ser mental, é moral.

Wanderley Oliveira
16 x 23 cm
235 páginas

FALA, PRETO VELHO

Um roteiro de autoproteção energética através do autoamor. Os textos aqui desenvolvidos permitem construir nossa proteção interior por meio de condutas amorosas e posturas mentais positivas, para criação de um ambiente energético protetor ao redor de nossas vidas.

Wanderley Oliveira | Pai João de Angola
16 x 23 cm
291 páginas

QUAL A MEDIDA DO SEU AMOR?

Propõe revermos nossa forma de amar, pois estamos mais próximos de uma visão particularista do que de uma vivência autêntica desse sentimento. Superar limites, cultivar relações saudáveis e vencer barreiras emocionais são alguns dos exercícios na construção desse novo olhar.

Wanderley Oliveira | Ermance Dufaux
16 x 23 cm
208 páginas

APAIXONE-SE POR VOCÊ

Você já ouviu alguém dizer para outra pessoa: "minha vida é você"?
Enquanto o eixo de sua sustentação psicológica for outra pessoa, a sua vida estará sempre ameaçada, pois o medo da perda vai rondar seus passos a cada minuto.

Wanderley Oliveira
16 x 23 cm
152 páginas

A VERDADE ALÉM DAS APARÊNCIAS - O UNIVERSO INTERIOR

Liberte-se da ansiedade e da angústia, direcionando o seu espírito para o único tempo que realmente importa: o presente. Nele você pode construir um novo olhar, amplo e consciente, que levará você a enxergar a verdade além das aparências.

Samuel Gomes
16 x 23 cm
272 páginas

DESCOMPLIQUE, SEJA LEVE

Um livro de mensagens para apoiar sua caminhada na aquisição de uma vida mais suave e rica de alegrias na convivência.

Wanderley Oliveira
16 x 23 cm
238 páginas

7 CAMINHOS PARA O AUTOAMOR

O tema central dessa obra é o autoamor que, na concepção dos educadores espirituais, tem na autoestima o campo elementar para seu desenvolvimento. O autoamor é algo inato, herança divina, enquanto a autoestima é o serviço laborioso e paciente de resgatar essa força interior, ao longo do caminho de volta à casa do Pai.

Wanderley Oliveira | Pai João de Angola
16 x 23 cm
272 páginas

A REDENÇÃO DE UM EXILADO

A obra traz informações sobre a formação da civilização, nos primórdios da Terra, que contou com a ajuda do exílio de milhões de espíritos mandados para cá para conquistar sua recuperação moral e auxiliar no desenvolvimento das raças e da civilização. É uma narrativa do Apóstolo Lucas, que foi um desses enviados, e que venceu suas dificuldades íntimas para seguir no trabalho orientado pelo Cristo.

Samuel Gomes | Lucas
16 x 23 cm
368 páginas

AMOROSIDADE - A CURA DA FERIDA DO ABANDONO

Uma das mais conhecidas prisões emocionais na atualidade é a dor do abandono, a sensação de desamparo. Essa lesão na alma responde por larga soma de aflições em todos os continentes do mundo. Não há quem não esteja carente de ser protegido e acolhido, amado e incentivado nas lutas de cada dia.

Wanderley Oliveira | Ermance Dufaux
16 x 23 cm
300 páginas

MEDIUNIDADE - A CURA DA FERIDA DA FRAGILIDADE

Ermance Dufaux vem tratando sobre as feridas evolutivas da humanidade. A ferida da fragilidade é um dos traços mais marcantes dos aprendizes da escola terrena. Uma acentuada desconexão com o patrimônio da fé e do autoamor, os verdadeiros poderes da alma.

Wanderley Oliveira | Ermance Dufaux
16 x 23 cm
235 páginas
e book

CONECTE-SE A VOCÊ - O ENCONTRO DE UMA NOVA MENTALIDADE QUE TRANSFORMARÁ A SUA VIDA

Este livro vai te estimular na busca de quem você é verdadeiramente. Com leitura de fácil assimilação, ele é uma viagem a um país desconhecido que, pouco a pouco, revela características e peculiaridades que o ajudarão a encontrar novos caminhos. Para esta viagem, você deve estar conectado a sua essência. A partir daí, tudo que você fizer o levará ao encontro do propósito que Deus estabeleceu para sua vida espiritual.

Rodrigo Ferretti
16 x 23 cm
256 páginas

e book

APOCALIPSE SEGUNDO A ESPIRITUALIDADE - O DESPERTAR DE UMA NOVA CONSCIÊNCIA

Num curso realizado em uma colônia do plano espiritual, o livro Apocalipse, de João Evangelista, é estudado de forma dinâmica e de fácil entendimento, desvendando a simbologia das figuras místicas sob o enfoque do autoconhecimento.

Samuel Gomes
16 x 23 cm
313 páginas
e book

VIDAS PASSADAS E HOMOSSEXUALIDADE - CAMINHOS QUE LEVAM À HARMONIA

"Vidas Passadas e Homossexualidade" é, antes de tudo, um livro sobre o autoconhecimento. E, mais que uma obra que trada do uso prático da Terapia de Regressão às Vidas Passadas . Em um conjunto de casos, ricamente descritos, o leitor poderá compreender a relação de sua atual encarnação com aquelas que ele viveu em vidas passadas. O obra mostra que absolutamente tudo está interligado. Se o leitor não encontra respostas sobre as suas buscas psicológicas nesta vida, ele as encontrará conhecendo suas vidas passadas.
Samuel Gomes

Dra. Solange Cigagna
16 x 23 cm
364 páginas
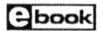
e book

SAIA DO CONTROLE - UM DIÁLOGO TERAPEUTICO E LIBERTADOR ENTRE A MENTE E A CONSCIÊNCIA

Agimos de forma instintiva por não saber observar os pensamentos e emoções que direcionam nossas ações de forma condicionada. Por meio de uma observação atenta e consciente, identificando o domínio da mente em nossas vidas, passamos a viver conscientes das forças internas que nos regem.

Rossano Sobrinho
16 x 23 cm
268 páginas

e book

 SÉRIE CULTO NO LAR

VIBRAÇÕES DE PAZ EM FAMÍLIA

Quando a família se reune para orar, ou mesmo um de seus componetes, o ambiente do lar melhora muito. As preces são emissões poderosas de energia que promovem a iluminação interior. A oração em família traz paz e fortalece, protege e ampara a cada um que se prepara para a jornada terrena rumo à superação de todos os desafios.

Wanderley Oliveira | Ermance Dufaux
16 x 23 cm
212 páginas

e book

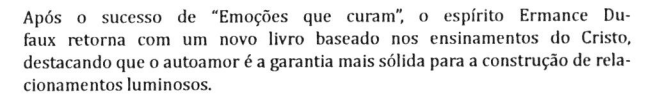

JESUS - A INSPIRAÇÃO DAS RELAÇÕES LUMINOSAS

Após o sucesso de "Emoções que curam", o espírito Ermance Dufaux retorna com um novo livro baseado nos ensinamentos do Cristo, destacando que o autoamor é a garantia mais sólida para a construção de relacionamentos luminosos.

Wanderley Oliveira | Ermance Dufaux
16 x 23 cm
304 páginas

e book

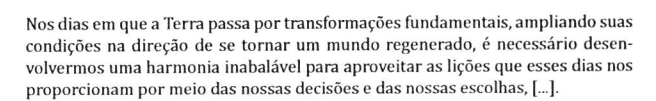

REGENERAÇÃO - EM HARMONIA COM O PAI

Nos dias em que a Terra passa por transformações fundamentais, ampliando suas condições na direção de se tornar um mundo regenerado, é necessário desenvolvermos uma harmonia inabalável para aproveitar as lições que esses dias nos proporcionam por meio das nossas decisões e das nossas escolhas, [...].

Samuel Gomes | Diversos Espíritos
16 x 23 cm
223 páginas

e book

PRECES ESPÍRITAS

Porque e como orar?
O modo como oramos influi no resultado de nossas preces?
Existe um jeito certo de fazer a oração?
Allan Kardec nos afirma que *"não há fórmula absoluta para a prece"*, mas o próprio Evangelho nos orienta que *"quando oramos, devemos entrar no nosso aposento interno do coração e, fechando a porta, busquemos Deus que habita em nós; e Ele, que vê nossa mais secreta realidade espiritual, nos amparará em todas as necessidades. Ao orarmos, evitemos as repetições de orações realizadas da boca para fora, como muitos que pensam que por muito falarem serão ouvidos. Oremos a Deus em espírito e verdade porque nosso Pai sabe o que nos é necessário, antes mesmo de pedirmos "*. (Mateus 6:5 a 8)

Allan Kardec
16 x 23 cm
145 páginas

O EVANGELHO SEGUNDO O ESPIRITISMO

O Evangelho de Jesus Cristo foi levado ao mundo por meio de seus discípulos, logo após o desencarne do Mestre na cruz. Mas o Evangelho de Cristo foi, muitas vezes, alterado e deturpado através de inúmeras edições e traduções do chamado Novo Testamento. Agora, a Doutrina Espírita, por meio de um trabalho sob a óptica dos espíritos e de Allan Kardec, vem jogar luz sobre a verdadeira face de Cristo e seus ensinamentos de perdão, caridade e amor.

Allan Kardec
16 x 23 cm
431 páginas

SÉRIE DESAFIOS DA CONVIVÊNCIA

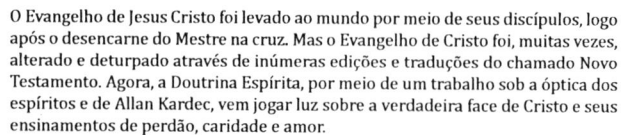

QUEM SABE PODE MUITO. QUEM AMA PODE MAIS

A lição central desta obra é mostrar que o conhecimento nem sempre é suficiente para garantir a presença do amor nas relações. "Estar informado é a primeira etapa. Ser transformado é a etapa da maioridade." - Eurípedes Barsanulfo.

Wanderley Oliveira | José Mário
16 x 23 cm
312 páginas

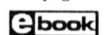

QUEM PERDOA LIBERTA - ROMPER OS FIOS DA MÁGOA ATRAVÉS DA MISERICÓRDIA

Continuação do livro "QUEM SABE PODE MUITO. QUEM AMA PODE MAIS" dando sequência à trilogia "Desafios da Convivência".

Wanderley Oliveira | José Mário
16 x 23 cm
320 páginas

SERVIDORES DA LUZ NA TRANSIÇÃO PLANETÁRIA

Nesta obra recebemos o convite para nos integrar nas fileiras dos Servidores da Luz, atuando de forma consciente diante dos desafios da transição planetária. Brilhante fechamento da trilogia.

Wanderley Oliveira | José Mário
14x21 cm
298 páginas

SÉRIE ESPÍRITOS DO BEM

GUARDIÕES DO CARMA - A MISSÃO DOS EXUS NA TERRA

Pai João de Angola quebra com o preconceito criado em torno dos exus e mostra que a missão deles na Terra vai além do que conhecemos. Na verdade, eles atuam como guardiões do carma, nos ajudando nos principais aspectos de nossas vidas.

Wanderley Oliveira | Pai João de Angola
16 x 23 cm
288 páginas

GUARDIÃS DO AMOR - A MISSÃO DAS POMBAGIRAS NA TERRA

"São um exemplo de amor incondicional e de grandeza da alma. São mães dos deserdados e angustiados. São educadoras e desenvolvedoras do sagrado feminino, e nesse aspecto são capazes de ampliar, nos homens e nas mulheres, muitas conquistas que abrem portas para um mundo mais humanizado, [...]".

Wanderley Oliveira | Pai João de Angola
16 x 23 cm
232 páginas

GUARDIÕES DA VERDADE - NADA FICARÁ OCULTO

Neste momento de batalhas decisivas rumo aos tempos da regeneração, esta obra é um alerta que destaca a importância da autenticidade nas relações humanas e da conduta ética como bases para uma forma transparente de viver. A partir de agora, nada ficará oculto, pois a Verdade é o único caminho que aguarda a humanidade para diluir o mal e se estabelecer na realidade que rege o universo.

Wanderley Oliveira | Pai João de Angola
16 x 23 cm
236 páginas

SÉRIE ESTUDOS DOUTRINÁRIOS

ATITUDE DE AMOR

Opúsculo contendo a palestra "Atitude de Amor" de Bezerra de Menezes, o debate com Eurípedes Barsanulfo sobre o período da maioridade do Espiritismo e as orientações sobre o "movimento atitude de amor". Por uma efetiva renovação pela educação moral.

Wanderley Oliveira | Ermance Dufaux e Cícero Pereira
14 x 21 cm
94 páginas

e book

SEARA BENDITA

Um convite à reflexão sobre a urgência de novas posturas e conceitos. As mudanças a adotar em favor da construção de um movimento social capaz de cooperar com eficácia na espiritualização da humanidade.

Wanderley Oliveira e Maria José Costa | Diversos Espíritos
14 x 21 cm
284 páginas

Gratuito em nosso site, somente em:

e book

NOTÍCIAS DE CHICO

"Nesta obra, Chico Xavier afirma com seu otimismo natural que a Terra caminha para uma regeneração de acordo com os projetos de Jesus, a caracterizar-se pela tolerância humana recíproca e que precisamos fazer a nossa parte no concerto projetado pelo Orientador Maior, principalmente porque ainda não assumimos responsabilidades mais expressivas na sustentação das propostas elevadas que dizem respeito ao futuro do nosso planeta."

Samuel Gomes | Chico Xavier
16 x 23 cm
181 páginas

e book

SÉRIE FAMÍLIA E ESPIRITUALIDADE

UM JOVEM OBSESSOR - A FORÇA DO AMOR NA REDENÇÃO ESPIRITUAL

Um jovem conta sua história, compartilhando seus problemas após a morte, falando sobre relacionamentos, sexo, drogas e, sobretudo, da força do amor na redenção espiritual.

Adriana Machado | Jefferson
16 x 23 cm
392 páginas

e book

UM JOVEM MÉDIUM - CORAGEM E SUPERAÇÃO PELA FORÇA DA FÉ

A mediunidade é um canal de acesso às questões de vidas passadas que ainda precisam ser resolvidas. O livro conta a história do jovem Alexandre que, com sua mediunidade, se torna o intermediário entre as histórias de vidas passadas daqueles que o rodeiam tanto no plano físico quanto no plano espiritual. Surpresos com o dom mediúnico do menino, os pais, de formação Católica, se veem às voltas com as questões espirituais que o filho querido traz para o seio da família.

Adriana Machado | Ezequiel
16 x 23 cm
365 páginas

RECONSTRUA SUA FAMÍLIA - CONSIDERAÇÕES PARA O PÓS-PANDEMIA

Vivemos dias de definição, onde nada mais será como antes. Necessário redefinir e ampliar o conceito de família. Isso pode evitar muitos conflitos nas interações pessoais. O autoconhecimento seguido de reforma íntima será o único caminho para transformação do ser humano, das famílias, das sociedades e da humanidade.

Dr. Américo Canhoto
16 x 23 cm
237 páginas

 SÉRIE HARMONIA INTERIOR

LAÇOS DE AFETO - CAMINHOS DO AMOR NA CONVIVÊNCIA

Uma abordagem sobre a importância do afeto em nossos relacionamentos para o crescimento espiritual. São textos baseados no dia a dia de nossas experiências. Um estímulo ao aprendizado mais proveitoso e harmonioso na convivência humana.

Wanderley Oliveira | Ermance Dufaux
16 x 23 cm
312 páginas

 ESPANHOL

MEREÇA SER FELIZ - SUPERANDO AS ILUSÕES DO ORGULHO

Um estudo psicológico sobre o orgulho e sua influência em nossa caminhada espiritual. Ermance Dufaux considera essa doença moral como um dos mais fortes obstáculos à nossa felicidade, porque nos leva à ilusão.

Wanderley Oliveira | Ermance Dufaux
16 x 23 cm
296 páginas

 ESPANHOL

REFORMA ÍNTIMA SEM MARTÍRIO - AUTOTRANSFORMAÇÃO COM LEVEZA E ESPERANÇA

As ações em favor do aperfeiçoamento espiritual dependem de uma relação pacífica com nossas imperfeições. Como gerenciar a vida íntima sem adicionar o sofrimento e sem entrar em conflito consigo mesmo?

Wanderley Oliveira | Ermance Dufaux
16 x 23 cm
288 páginas

 ESPANHOL INGLÊS

PRAZER DE VIVER - CONQUISTA DE QUEM CULTIVA A FÉ E A ESPERANÇA

Neste livro, Ermance Dufaux, com seus ensinos, nos auxilia a pensar caminhos para alcançar nossas metas existenciais, a fim de que as nossas reencarnações sejam melhor vividas e aproveitadas.

Wanderley Oliveira | Ermance Dufaux
16 x 23 cm
248 páginas

ESCUTANDO SENTIMENTOS - A ATITUDE DE AMAR-NOS COMO MERECEMOS

Ermance afirma que temos dado passos importantes no amor ao próximo, mas nem sempre sabemos como cuidar de nós, tratando-nos com culpas, medos e outros sentimentos que não colaboram para nossa felicidade.

Wanderley Oliveira | Ermance Dufaux
16 x 23 cm
256 páginas

 ESPANHOL

DIFERENÇAS NÃO SÃO DEFEITOS - A RIQUEZA DA DIVERSIDADE NAS RELAÇÕES HUMANAS

Ninguém será exatamente como gostaríamos que fosse. Quando aprendemos a conviver bem com os diferentes e suas diferenças, a vida fica bem mais leve. Aprenda esse grande SEGREDO e conquiste sua liberdade pessoal.

Wanderley Oliveira | Ermance Dufaux
16 x 23 cm
248 páginas

EMOÇÕES QUE CURAM - CULPA, RAIVA E MEDO COMO FORÇAS DE LIBER-TAÇÃO

Um convite para aceitarmos as emoções como forma terapêutica de viver, sintonizando o pensamento com a realidade e com o desenvolvimento da autoaceitação.

Wanderley Oliveira | Ermance Dufaux
16 x 23 cm
272 páginas

 SÉRIE REFLEXÕES DIÁRIAS

PARA SENTIR DEUS

Nos momentos atuais da humanidade sentimos extrema necessidade da presença de Deus. Ermance Dufaux resgata, para cada um, múltiplas formas de contato com Ele, de como senti-Lo em nossas vidas, nas circunstâncias que nos cercam e nos semelhantes que dividem conosco a jornada reencarnatória. Ver, ouvir e sentir Deus em tudo e em todos.

Wanderley Oliveira | Ermance Dufaux
11 x 15,5 cm
133 páginas
Somente

LIÇÕES PARA O AUTOAMOR

Mensagens de estímulo na conquista do perdão, da aceitação e do amor a si mesmo. Um convite à maravilhosa jornada do autoconhecimento que nos conduzirá a tomar posse de nossa herança divina.

Wanderley Oliveira | Ermance Dufaux
11 x 15,5 cm
128 páginas

Somente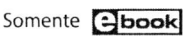

RECEITAS PARA A ALMA

Mensagens de conforto e esperança, com pequenos lembretes sobre a aplicação do Evangelho para o dia a dia. Um conjunto de propostas que se constituem em verdadeiros remédios para nossas almas.

Wanderley Oliveira | Ermance Dufaux
11 x 15,5 cm
146 páginas

Somente ⊖book

 SÉRIE REGENERAÇÃO

FUTURO ESPIRITUAL DA TERRA

As necessidades, as estruturas perispirituais e neuropsíquicas, o trabalho, o tempo, as características sociais e os próprios recursos de natureza material se tornarão bem mais sutis. O futuro já está em construção e André Luiz, através da psicografia de Samuel Gomes, conta como será o Futuro Espiritual da Terra.

Samuel Gomes | André Luiz
16 x 23 cm
344 páginas

XEQUE-MATE NAS SOMBRAS - A VITÓRIA DA LUZ

André Luiz traz notícias das atividades que as colônias espirituais, ao redor da Terra, estão realizando para resgatar os espíritos que se encontram perdidos nas trevas e conduzi-los a passar por um filtro de valores, seja para receberem recursos visando a melhorar suas qualidades morais – se tiverem condições de continuar no orbe – seja para encaminhá-los ao degredo planetário.

Samuel Gomes | André Luiz
16 x 23 cm
212 páginas

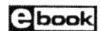

A DECISÃO - CRISTOS PLANETÁRIOS DEFINEM O FUTURO ESPIRITUAL DA TERRA

"Os Cristos Planetários do Sistema Solar e de outros sistemas se encontram para decidir sobre o futuro da Terra na sua fase de regeneração. Numa reunião que pode ser considerada, na atualidade, uma das mais importantes para a humanidade terrestre, Jesus faz um pronunciamento direto sobre as diretrizes estabelecidas por Ele para este período."

Samuel Gomes | André Luiz e Chico Xavier
16 x 23 cm
210 páginas

 SÉRIE ROMANCE MEDIÚNICO

OS DRAGÕES - O DIAMANTE NO LODO NÃO DEIXA DE SER DIAMANTE

Um relato leve e comovente sobre nossos vínculos com os grupos de espíritos que integram as organizações do mal no submundo astral.

Wanderley Oliveira | Maria Modesto Cravo
16 x 23cm
522 páginas

LÍRIOS DE ESPERANÇA

Ermance Dufaux alerta os espíritas e lidadores do bem de um modo geral, para as responsabilidades urgentes da renovação interior e da prática do amor neste momento de transição evolutiva, através de novos modelos de relação, como orientam os benfeitores espirituais.

Wanderley Oliveira | Ermance Dufaux
16 x 23 cm
508 páginas

AMOR ALÉM DE TUDO

Regras para seguir e rótulos para sustentar. Até quando viveremos sob o peso dessas ilusões? Nessa obra reveladora, Dr. Inácio Ferreira nos convida a conhecer a verdade acima das aparências. Um novo caminho para aqueles que buscam respeito às diferenças e o AMOR ALÉM DE TUDO.

Wanderley Oliveira | Inácio Ferreira
16 x 23 cm
252 páginas

ABRAÇO DE PAI JOÃO

Pai João de Angola retorna com conceitos simples e práticos, sobre os problemas gerados pela carência afetiva. Um romance com casos repletos de lutas, desafios e superações. Esperança para que permaneçamos no processo de resgate das potências divinas de nosso espírito.

Wanderley Oliveira | Pai João de Angola
16 x 23 cm
224 páginas

UM ENCONTRO COM PAI JOÃO

A obra também fala do valor de uma terapia, da necessidade do autoconhecimento, dos tipos de casamentos programados antes do reencarne, dos processos obsessivos de variados graus e do amparo de Deus para nossas vidas por meio dos amigos espirituais e seus trabalhadores encarnados. Narra também em detalhes a dinâmica das atividades socorristas do centro espírita.

Wanderley Oliveira | Pai João de Angola
16 x 23 cm
220 páginas

O LADO OCULTO DA TRANSIÇÃO PLANETÁRIA

O espírito Maria Modesto Cravo aborda os bastidores da transição planetária com casos conectados ao astral da Terra.

Wanderley Oliveira | Maria Modesto Cravo
16 x 23 cm
288 páginas

PERDÃO - A CHAVE PARA A LIBERDADE

Neste romance revelador, conhecemos Onofre, um pai que enfrenta a perda de seu único filho com apenas oito anos de idade. Diante do luto e diversas frustrações, um processo desafiador de autoconhecimento o convida a enxergar a vida com um novo olhar. Será essa a chave para a sua libertação?

Adriana Machado | Ezequiel
14 x 21 cm
288 páginas

1/3 DA VIDA - ENQUANTO O CORPO DORME A ALMA DESPERTA

A atividade noturna fora da matéria representa um terço da vida no corpo físico, e é considerada por nós como o período mais rico em espiritualidade, oportunidade e esperança.

Wanderley Oliveira | Ermance Dufaux
16 x 23 cm
279 páginas

NEM TUDO É CARMA, MAS TUDO É ESCOLHA

Somos todos agentes ativos das experiências que vivenciamos e não há injustiças ou acasos em cada um dos aprendizados.

Adriana Machado | Ezequiel
16 x 23 cm
536 páginas

RETRATOS DA VIDA - AS CONSEQUÊNCIAS DO DESCOMPROMETIMENTO AFETIVO

Túlio costumava abstrair-se da realidade, sempre se imaginando pintando um quadro; mais especificamente pintando o rosto de uma mulher.
Vivendo com Dora um casamento já frio e distante, uma terrível e insuportável dor se abate sobre sua vida. A dor era tanta que Túlio precisou buscar dentro de sua alma uma resposta para todas as suas angústias..

Clotilde Fascioni
16 x 23 cm
175 páginas

O PREÇO DE UM PERDÃO - AS VIDAS DE DANIEL

Daniel se apaixona perdidamente e, por várias vidas, é capaz de fazer qualquer coisa para alcançar o objetivo de concretizar o seu amor. Mas suas atitudes, por mais verdadeiras que sejam, o afastam cada vez mais desse objetivo. É quando a vida o para.

André Figueiredo e Fernanda Sicuro | Espírito Bruno
16 x 23 cm
333 páginas

Dufaux
e d i t o r a

LIVROS QUE TRANSFORMAM VIDAS!

Acompanhe nossas redes sociais

(lançamentos, conteúdos e promoções)

🔲 @editoradufaux

🔳 facebook.com/EditoraDufaux

🔲 youtube.com/user/EditoraDufaux

Conheça nosso catálogo e mais sobre nossa editora. Acesse os nossos sites

Loja Virtual

🌐 www.dufaux.com.br

eBooks, conteúdos gratuitos e muito mais

🌐 www.editoradufaux.com.br

Entre em contato com a gente.

Use os nossos canais de atendimento

💬 (31) 99193-2230

📞 (31) 3347-1531

🌐 www.dufaux.com.br/contato

📧 sac@editoradufaux.com.br

📍 Rua Contria, 759 | Alto Barroca | CEP 30431-028 | Belo Horizonte | MG